Brian Sibley

Späte Liebe

Brian Sibley

Späte Liebe

C. S. Lewis und
Joy Davidman

BRUNNEN

VERLAG GIESSEN · BASEL

ABCteam-Bücher erscheinen in folgenden Verlagen:
Aussaat Verlag Neukirchen-Vluyn
R. Brockhaus Verlag Wuppertal und Zürich
Brunnen Verlag Gießen und Basel
Christliches Verlagshaus Stuttgart
Oncken Verlag Wuppertal und Kassel

Titel der englischen Originalausgabe:
»Shadowlands«
© 1985 by Brian Sibley

Übersetzung: Barbara Brugger

3. Auflage 1998

© der deutschen Ausgabe:
1997 Brunnen Verlag Gießen
Umschlaggrafik: Thomas Vogler
Umschlaggestaltung: Ralf Simon
Herstellung: Ebner Ulm
ISBN 3-7655-3976-7

Inhalt

Einleitung

»Es ist eine undankbare Sache«, hat C.S. Lewis einmal gesagt, »ein Buch über einen noch lebenden Autor zu schreiben. Es wird zumindest einen Menschen geben – wahrscheinlich aber mehrere –, der mehr über das Thema weiß, als man durch gewöhnliches Recherchieren herausfinden kann. Weit besser, über die Toten, die nicht mehr antworten können, zu schreiben...«

Bei einem Buch über C.S. Lewis macht die Tatsache, daß er nicht mehr lebt, die Aufgabe jedoch keineswegs leichter, gibt es doch immer noch viele, die mehr zu diesem Thema wissen als jeder noch so eifrig bemühte Außenstehende.

Außerdem ist über diesen Mann und sein Werk schon so viel (wahrscheinlich *zu* viel) geschrieben worden. Es sieht fast so aus, als werde C.S. Lewis bald zu der auserlesenen, wenn auch bedauernswerten Schar von Menschen gehören, über die es mehr Bücher gibt, als sie selbst geschrieben haben.

Womit läßt es sich also rechtfertigen, diesem Berg von Büchern ein weiteres hinzuzufügen? Nur damit, daß wir die Geschichte einer bemerkenswerten Beziehung zwischen zwei ungewöhnlichen Menschen – Jack Lewis und Joy Davidman – vollständiger erzählen wollen, als sie bisher erzählt worden ist; und daß wir – da diese Beziehung nur wenige Jahre dauerte – auch etwas vom Leben der beiden bevor sie sich kennenlernten, erzählen müssen.

Um diese Geschichte möglichst lückenlos darzustellen, kommt man nicht umhin, mindestens ein Dutzend Veröffentlichungen einschließlich Biographien, Tagebücher und Briefwechsel heranzuziehen. Ich habe versucht, die betreffenden Passagen aus diesen Quellen zu einem eigenständigen chronologischen Bericht zusammenzufassen.

Die Autobiographie ist, meiner Meinung nach, die beste

Form der Biographie. Darum war es mir ein Anliegen, wo immer möglich, die Hauptdarsteller in diesem Stück (die alle weit bessere Schriftsteller waren als ich) ihre Geschichte selbst erzählen zu lassen.

Ich bin den Copyright-Inhabern der betreffenden Werke sehr zu Dank verpflichtet; ganz besonders Elizabeth Stevens von der Agentur Curtis Brown. Anerkennend möchte ich auch die unschätzbare Hilfe erwähnen, die mir aus zwei unentbehrlichen, im Buchhandel erhältlichen Quellen zukam: aus dem Buch *C.S. Lewis: A Biography* von Roger Lancely Green und Walter Hooper; und aus Lyle W. Dorsetts Biographie über Joy Davidman *And God Came In* (dt. *Eine andere Art von Hunger*); herzlichen Dank auch diesen Autoren. Die beiden Biographien empfehle ich allen, die mehr über Jack und Joy wissen möchten.

Beim Schreiben des vorliegenden Buches habe ich außerdem auf eine Anzahl Interviews und Gespräche zurückgegriffen, die ich bei meinen Recherchen für den Film *Shadowlands* (dt. *Späte Liebe*) mit folgenden Personen führte: Father Peter Bide, June und Roger Lancelyn Green (bei zahlreichen Gelegenheiten und in etlichen Telefongesprächen), Douglas Gresham, Father Walter Hooper (im persönlichen Gespräch und in vielen hilfreichen Briefen), Pauline Baynes und Kaye Webb – ihnen allen bin ich sehr dankbar für die Unterstützung, die sie mir so großzügig gewährten.

Mannigfache Hilfe (vom Beschaffen schwer erhältlicher Bücher bis zu anregenden Gesprächen und Briefwechseln) leisteten mir Humphrey Carpenter, Lyle W. Dorsett, Dr. Selwyn H. Goodacre, Marjorie Lamp Mead, Richard Parlour, Father Douglas Reed, Raphael Shaberman, Norman Stone, David Thompson und Chad Walsh. Und warum sollte ich an dieser Stelle nicht auch Patricia Hammond White danken, die mir – als ich acht war (und die Masern hatte) – den *König von Narnia* lieh und damit mein Interesse an den Büchern von C.S. Lewis weckte; und meiner Mutter, die etliche Jahre später diesem Interesse mit den Büchern *Pardon, ich bin Christ* und *Dienstanweisungen für einen Unterteufel* neue Nahrung gab.

Danken möchte ich schließlich auch Magnus Magnusson und seiner Familie, ohne deren Entgegenkommen und Gastfreundschaft dieses Buch vielleicht nie zustande gekommen wäre; und Alex Platt, ohne dessen mühevolle Arbeit es ganz bestimmt nie getippt worden wäre.

Brian Sibley, im Juni 1985

... Da blieb Aslan stehen, und die Kinder schauten in den Bach. Und dort, auf dem goldenen Kies des Bachbettes, lag der tote König Kaspian, und das Wasser strömte über ihn hin wie flüssiges Glas ... Und alle drei standen da und weinten. Sogar der Löwe weinte: Er weinte große Löwentränen, jede kostbarer als die ganze Erde, bestünde sie auch aus einem einzigen echten Diamanten ...

»Sohn Adams«, sagte Aslan. »Geh in dieses Dickicht und brich den Dorn ab, den du dort finden wirst, und bring ihn her zu mir.«

Eustachius gehorchte. Der Dorn war fast einen halben Meter lang und so scharf wie ein Dolch.

»Stoß ihn in meine Pfote, Sohn Adams«, sagte Aslan. Er hob seine rechte Vorderpfote hoch und spreizte den großen Fußballen.

»Muß ich?« fragte Eustachius.

»Ja«, sagte Aslan.

Da biß Eustachius die Zähne zusammen und trieb den Dorn tief in die Pfote des Löwen. Und ein großer Blutstropfen quoll hervor, röter als jedes Rot, das du je gesehen hast oder dir vorstellen kannst. Und er fiel ins Wasser, auf den toten Körper des Königs ... Da geschah an dem toten König eine Verwandlung: Sein weißer Bart wurde grau, dann blond, wurde immer kürzer und verschwand schließlich ganz; seine eingefallenen Wangen wurden voll und frisch, und seine Falten glätteten sich. Seine Augen öffneten sich, und sein Mund und seine Augen lachten. Und plötzlich sprang er auf und stand vor ihnen – als ganz junger Mann oder als Junge ... Und er rannte zu Aslan und schlang die Arme um seinen riesigen Nacken, so weit sie nur reichen wollten, und er drückte Aslan den herzhaften Kuß eines Königs auf die Stirn, und Aslan gab ihm den herzhaften Kuß eines Löwen ...

Eustachius schaute Aslan an und fragte: »Ist er nicht – hm – tot?«

»Ja«, sagte der Löwe mit sehr leiser Stimme und fast so, als lache er. »Er ist gestorben. Die meisten Leute sind gestorben. Selbst ich. Es gibt nur sehr wenige, die nicht gestorben sind ...«

C.S. Lewis
Die Tür nach Narnia

Prolog: Die Tür schlägt zu

Die Trauerfeier ist zu Ende. Eine kleine Gruppe von Menschen tritt aus der Kühle der Kapelle hinaus in die glühende Hitze eines strahlendhellen Julitags. Die Anlagen um das Krematorium herum bemühen sich, wie alle Orte dieser Art, auf rührende, aber doch eher mißglückte Weise, etwas von einem Garten Eden zu vermitteln.

Die Haupttrauernden sind ein seltsames Quartett – zwei ältere Männer und zwei Jungen. Die Männer sind Brüder: Major W. H. Lewis und Professor C. S. Lewis. Die Jungen, David und Douglas Gresham, sind ebenfalls Brüder. Die Vier sind verbunden durch das Leben und den tragischen Tod einer ungewöhnlichen Frau, die sie alle geliebt haben.

Helen Joy Davidman – von allen nur Joy genannt – war in erster Ehe mit William Gresham, dem Vater von David und Douglas, verheiratet und dann, nur vier kurze Jahre, mit C.S. Lewis.

Die Geschichte dieser Liebe zwischen C.S. Lewis und Joy Davidman ist bemerkenswert. Bemerkenswert deshalb, weil man sich auf den ersten Blick kaum ein unwahrscheinlicheres Liebespaar vorstellen kann: Lewis, ein sechzigjähriger Junggeselle und Hochschullehrer mit dem Ruf, der größte christliche Denker, Lehrer und Schriftsteller unserer Zeit zu sein; und Joy, Amerikanerin, Jüdin und geschieden, die in ihrer Jugend Mitglied der Kommunistischen Partei war und sich später, als Erwachsene, zum Christentum bekehrte.

Doch es besteht kein Zweifel, daß sie sich innig, leidenschaftlich liebten. »Wir haben«, sagt Lewis, »in Liebe geschwelgt; in jeder Form – ernst und heiter, romantisch und realistisch, manchmal dramatisch wie ein Gewitter, manchmal behaglich und schlicht, als schlüpfe man in weiche Pantoffeln.«

11

Nach der Beerdigung, allein in seinem Studierzimmer, beginnt Lewis sich mit der Tatsache auseinanderzusetzen, daß er diese so spät gefundene Liebe nun für immer verloren hat.

Zu müde, um die Vorhänge zuzuziehen, starrt er das Spiegelbild an, das ihm aus der nachtdunklen Fensterscheibe entgegenblickt. Auf dem kräftigen Gesicht mit den groben Zügen und den runden Brillengläsern liegt jetzt, zur Ruhe gekommen, ein Ausdruck von Resignation, der ebenso Frieden wie auch Verzweiflung bedeuten könnte.

Er öffnet ein altes unbenutztes Schreibheft, betrachtet einen Augenblick lang die kühle Leere des ersten Blattes, nimmt dann den Federhalter und schreibt:

»Niemand hat mir je gesagt, daß das Gefühl der Trauer so sehr dem Gefühl der Angst gleicht... Das gleiche Flattern im Magen, die gleiche Unrast und Leere. Ich muß die ganze Zeit schlukken...«

Die Regale rings an den Wänden sind vollgestopft mit Büchern. Bücher, an die man sich in Zeiten der Trauer wenden, aus denen man Trost, Zuspruch und Hoffnung schöpfen kann – Bücher wie *Wunder, Pardon, ich bin Christ* und *Über den Schmerz*, an die sich Millionen von Menschen gewandt haben.

Da stehen sie Rücken an Rücken; sind Seite um Seite, Kapitel um Kapitel voller Einsichten und Erkenntnisse über Glauben und Vertrauen – aber dem Mann, der sie geschrieben hat, bringen sie keine Hilfe. Der Kummer hat ihn überwältigt. Wie ein Schiffbrüchiger kommt er sich vor – gestrandet auf einer Insel des Zweifels. Sein Glaube, seine Überzeugungen, alles scheint zu wanken und in Frage gestellt.

»Wo ist Gott?« schreibt er. »Geh zu ihm in deiner verzweifelten Not, wenn jede andere Hilfe versagt, und was findest du? Eine Tür, die man dir vor der Nase zuschlägt, und von drinnen das Geräusch doppelten Riegelns. Danach Stille. Du könntest genausogut gehen. Je länger du wartest, um so eindringlicher wird die Stille. In den Fenstern kein Licht. Das Haus könnte leer stehen. War es je bewohnt? Einst schien es so...«

Aber hat nicht gerade dieser Mann, der jetzt so verweifelt ist, einst mit absoluter Gewißheit über die Bewohner dieses Hauses geschrieben?

»Gib dich selbst auf, und du wirst dein wahres Selbst finden. Verlier dein Leben, und du wirst es retten.« Das waren seine Worte. »Unterwirf dich dem Tod deiner Ambitionen und Lieblingswünsche an jedem einzelnen Tag und dem Tod deines ganzen Körpers am Ende, unterwirf dich mit jeder Faser deines Wesens, und du wirst ewiges Leben finden. Halte *nichts* zurück. Nichts, was du nicht weggegeben hast, wird dir jemals wirklich gehören.«

»Nichts, das nicht gestorben ist, wird je von den Toten auferstehen.«

»Suche dich selbst, und du wirst auf die Dauer nur Haß, Einsamkeit, Verzweiflung, Zorn, Auflösung und Verfall finden.«

»Doch suche Christus, und du wirst Ihn finden, und mit Ihm alles andere als Zugabe.«

Wie konnte sich solche Gewißheit in Zweifel wandeln und warum?

Der Neffe des Zauberers

C. S. Lewis kam am 29. November 1898 als zweiter Sohn von Albert und Flora Lewis zur Welt, in einem Doppelhaus in Dundela Villas am Rande von Belfast in Nordirland. Sein Vater war Anwalt, seine Mutter die Tochter eines Geistlichen.

Er wurde auf die Namen Clive Staples getauft – ein ziemlich nutzloses Unterfangen bei jemandem, der mit vier Jahren erklärte, er heiße »Jacksie«, und für den Rest seines Lebens nur noch Jack genannt wurde.

Es lag offensichtlich in der Familie, es mit Namen nicht so genau zu nehmen; denn auch sein älterer Bruder Warren Hamilton war allen nur als »Warnie« bekannt.

Warnie war drei Jahre, als Jack zur Welt kam. Später schrieb er über dieses Ereignis: »Von seiner Ankunft weiß ich nichts mehr... nur schrittweise trat er mir als lautstarker Beeinträchtiger meines häuslichen Friedens ins Bewußtsein.«

Doch kaum hatte Jack eine interessanteres Alter erreicht, begann Warnie, dem jüngeren Bruder sehr viel mehr Beachtung zu schenken. Bald waren sie dicke Freunde. »Ich empfand ihn nie als älteren Bruder«, erinnerte Jack sich später, »wir waren von Anfang an Verbündete, um nicht zu sagen Verschworene.« Auch Warnie dachte stets mit Freude an diese Jahre der Kindheit zurück, in denen »der Grund für die innige Freundschaft« gelegt wurde, »die das größte Glück meines Lebens war«.

Die Eltern von Jack und Warnie waren charakterlich ausgesprochen verschieden: der Vater, walisischer Herkunft, war gefühlsbetont und leicht erregbar, während die Mutter, normannischer Abstammung, sich einer glücklichen, ausgeglichenen Wesensart erfreute.

Jack behauptete später, das Miterleben dieser Gegensätze bei seinen Eltern habe in ihm »ein gewisses Mißtrauen und eine gewisse Abneigung gegen das Gefühl als etwas Störendes, Verwirrendes oder gar Gefährliches« bewirkt. Es dauerte beinahe sechzig Jahre, bis dieses Mißtrauen von einer Frau überwunden wurde, die in gewissem Sinne die besten Eigenschaften beider Elternteile in sich vereinte.

Höhepunkte seiner frühen Kindheit waren die alljährlichen Ferien am Meer, an Orten mit so romantischen Namen wie Ballycastle, Castlerock und Ballynahinch, in denen es alles gab, was Lewis später die »Segnungen« seiner Kinderzeit nennen sollte: gutes Essen, gute Eltern und einen Garten zum Spielen.

Die anderen Segnungen dieser Zeit gingen aus von der langjährigen Kinderfrau Lizzi Endicott, die mit ihren Geschichten von Kobolden und von alten irischen Göttern seine jugendliche Phantasie weckte, und von seinem Bruder Warnie.

Warnie war es, wie Jack sich später erinnerte, der ihm als erster die Augen für die Schönheiten der Natur öffnete, als er einmal »den Deckel einer Keksbüchse ins Kinderzimmer mitbrachte, den er mit Moos bedeckt und mit Zweigen und Blüten geschmückt hatte, so daß er aussah wie ein Spielzeuggarten... Das war meine erste Begegnung mit der Schönheit. Dieser Garten machte mir die Natur bewußt als etwas Kühles, Taufrisches, Üppiges... Solange ich lebe, wird meine Vorstellung vom Paradies etwas vom Spielzeuggarten meines Bruders haben.«

Immer wieder hat Lewis später beim Schreiben das Bild des Gartens als Symbol für das Romantische und Geheimnisvolle und für das Leben verwendet:

»Am Ende eines langen Sees, der so blau war wie ein Türkis, erblickten sie einen grünen Hügel. Seine Hänge waren so steil wie die Seiten einer Pyramide. Rund um seine oberste Spitze aber lief eine grüne Mauer; und über der Mauer erhoben sich die Zweige von Bäumen, deren Blätter wie Silber blinkten und deren Früchte wie Gold glänzten... So gingen sie denn durch die goldenen Tore, dem köstlichen Duft entgegen, der ihnen aus dem Garten entgegenwehte, und tauchten in die kühle Mischung aus Sonnenlicht und Schatten unter den Bäumen. Sie schritten auf federndem Rasen, der über und über mit weißen Blumen gesprenkelt war. Allen fiel auf, daß der Platz viel größer war, als er von außen erschien... Lucy blickte genau in den Garten und merkte, daß es in Wirklichkeit gar kein richtiger Garten war, sondern eine ganze Welt mit ihren eigenen Flüssen und Wäldern und Bergen...«

Das Jahr 1905 brachte im Leben der Familie Lewis eine wichtige Veränderung: den Umzug nach »Little Lea«, ein neues Haus mit vier verwinkelten Giebeln am äußersten Rand von Belfast.

Architektonisch gesehen war das Haus miserabel: In allen Zimmern zog es, die Abflußrohre taugten nichts, und ein kaninchenbauartiges System dunkler Gänge führte unter den Giebeln zu den riesigen Räumen des Dachbodens. Für Jack und Warnie jedoch wirkte es eigentlich »weniger wie ein Haus als wie eine ganze Stadt« und bot die Möglichkeit zu unbegrenzten Abenteuern. Von den Fenstern der Mansarde, die Jack und Warnie bald eroberten, ging der Blick über Belfast Lough hinweg bis zu den verhangenen Wellenzügen der Antrim Mountains.

Doch es blieb ihnen nicht viel Zeit, sich gemeinsam dieser neuen Welt zu freuen. Einen Monat nach dem Umzug wurde Warnie nach England in ein Internat geschickt.

Auch für Jack begann nun der Unterricht; er bekam eine Hauslehrerin, aber daneben blieb immer noch viel Zeit zum Spielen. Allerdings war kein Bruder mehr da, der dabei helfen konnte. »Ich bin«, schrieb er später, »ein Produkt langer Flure, leerer, sonnendurchfluteter Zimmer, der Stille der Mansarden, allein erforschter Dachböden und der fernen Geräusche gurgelnder Wasserbehälter und Leitungen und des Windes, der unter den Ziegeln pfiff.« Später hat er diese Dachbodenwelt in der Kindergeschichte The Magician's Nephew (dt. Das Wunder von Narnia) wieder heraufbeschworen.

Das Lewissche Haus war voller Bücher; sie standen und lagen – manchmal sogar in zwei Reihen – in allen Räumen und auf jedem Treppenabsatz. Manche waren für Kinder geeignet, andere durchaus nicht. Doch nichts war ihm verboten. »An den schier endlosen Regennachmittagen nahm ich einen Band nach dem anderen aus den Regalen. Ich war sicher, immer ein neues Buch zu finden, wie ein Mann auf der Wiese sicher ist, daß er einen neuen Grashalm finden wird.«

Die meisten Bücher, die er las, waren Romane, Biographien und historische Werke (denn weder Vater noch Mutter hatten viel für Gedichte oder Märchen und Sagen übrig), doch auch eine reich illustrierte Ausgabe von *Gullivers Reisen* und Mark Twains Satire *Ein Yankee aus Connecticut an König Arthurs Hof* waren vorhanden; dazu das *Strand Magazine* mit den monatlichen Fortsetzungen von *Das verzauberte Schloß* und anderen phantastischen Geschichten von E. Nesbit sowie Conan Doyles *Abenteuer des Ritter Sir Nigel*, die bei Jack eine Leidenschaft für Geschichten über das fahrende Rittertum weckten.

Die Geschichte vom *Eichhörnchen Nutkin* und andere Bücher von Beatrix Potter hatte Jack schon vorher besessen, und ihre vermenschlichten Tiergestalten in Alltagssituationen hatten seine Phantasie gleich gefesselt. Die Vorstellung von Tieren in Kleidern, die wie Menschen lebten, nahm ihn so gefangen, daß er stundenlang die alten Nummern von *Punch*, einer Zeitschrift, die sein Vater gesammelt hatte, nach den hervorragenden Tierkarikaturen von Tenniel und anderen durchstöberte.

Aus diesen Quellen sollte in späteren Jahren die Anregung zu den sprechenden Eichhörnchen, Bibern, Dachsen, Bären und Eulen kommen, mit denen er Narnia bevölkerte.

Lewis hat einmal über seine Kindergeschichten gesagt: »Ich schrieb die Bücher, die ich selbst gern gelesen hätte. Das war immer der Grund, weshalb ich schrieb.« Zweifellos war es unbewußt auch der Grund für seine ersten Erzählversuche.

Diese frühesten Geschichten, die Jack heimlich auf dem Dachboden schrieb, handeln von einer Phantasiewelt namens *Animal Land*, die von seinen damaligen Hauptinteressen – Tieren in Kleidern und Rittern in Rüstung – inspiriert war. »Ich schrieb«, erinnert er sich später, »von Rittermäusen und -kaninchen, die in voller Rüstung auszogen, nicht um Riesen, sondern um Katzen zu erschlagen.«

Er versuchte sich auch in der Autobiographie: »Mami ist wie die meisten Frauen mittleren Alters, rundlich, braunes Haar, trägt eine Brille, Hauptbeschäftigung Stricken usw. usw. Papi ist natürlich der Herr im Haus; er ist ein Mann, bei dem man die starken Lewis-Züge sieht: launisch, sehr vernünftig, nett, wenn er nicht gerade schlechter Laune ist. Ich bin wie die meisten neunjährigen Jungen, und ich bin wie Papi, launisch, dicke Lippen, dünn und habe meistens eine Strickjacke an.«

In regelmäßigen Abständen wurde Jacks einsames Dasein durch Warnies Schulferien unterbrochen. Dann konnten die Brüder an schönen Tagen gemeinsam mit ihren Fahrrädern losziehen und die Hügel und Straßen der näheren Umgebung erkunden. Und wenn sich die Wolken wie gespenstische Leichentücher über die Berge senkten und es Bindfäden regnete, zogen sie sich in ihr Dachbodenreich zurück, malten Bilder und schrieben Geschichten.

Während Jack seine Saga über *Animal Land* und dessen Kaninchenkönig Benjamin VII. fortsetzte, verfaßte Warnie spannende Abenteuergeschichten, die er in Indien spielen ließ. Mit der Zeit beschlossen die Brüder zusammenzuarbeiten, und ihre zwei Welten wurden durch eine Reihe detaillierter Landkarten und historischer Ausführungen vereint.

Wenn Warnie in die Schule zurückkehren mußte, wandte Jack sich einfach wieder seinen Büchern zu, bis die nächsten Ferien kamen. Für drei Jahre wurde das ihr Lebensrhythmus. Doch ohne daß die Jungen etwas davon ahnten, war die wohlgeordnete Voraussagbarkeit ihres Lebens bedroht. Anfang 1908 erkrankte ihre Mutter. Es war Krebs.

Am 15. Februar wurde Flora Lewis zu Hause operiert. Jack merkte, daß irgend etwas sehr Schlimmes los sein mußte: »Das Haus war von seltsamen Gerüchen und nächtlichen Geräuschen und unheilvoll geflüsterten Gesprächen erfüllt.«

Da er gelehrt worden war, daß gläubige Gebete immer erhört werden, begann er, um die Genesung seiner Mutter zu beten. Er betete, wie er später sagte, zu einem Gott, der ihm »weder als Retter noch als Richter erschien, sondern nur als Zauberer.«

Dennoch sah es so aus, als würde sein Beten beantwortet, als bei seiner Mutter eine sichtliche Besserung eintrat.

Doch dann, innerhalb von zwei Monaten, kehrten Schmerzen und Krebs zurück. Im Juli wurde Warren noch vor Ende des Schuljahres nach Hause geschickt, weil sich der Zustand seiner Mutter verschlechterte. Bei getrübtem Bewußtsein und mit Morphium schwer betäubt, siechte sie noch einen Monat dahin, dann starb sie, am 23. August, dem fünfundvierzigsten Geburtstag ihres Gatten. Jack und sein Bruder sollten nie mehr vergessen, wie sie an diesem Tag ins Schlafzimmer geholt wurden, um die aufgebahrte Tote noch einmal zu sehen.

Jack betete weiter, diesmal um ein Wunder, und als das Wunder nicht geschah, zog er den einfachen Schluß, daß der Zauber nicht gewirkt hatte. »Ich war«, gestand Lewis, »ohne Liebe, ohne Ehrfurcht, ja, ohne Angst vor Gott getreten.«

Jahre später, als Lewis *Das Wunder von Narnia* schrieb, durchlebte er den Schmerz über den Tod seiner Mutter noch einmal im Jungen Digory, der wählen muß, ob er dem großen Löwen Aslan gehorchen oder sich das Mittel verschaffen will, das seiner Mutter Heilung bringt; es ist eine Kindergeschichte, doch die Seelennot ist schmerzlich echt.

»›Aber bitte, Löwe – bitte, könntest du mir nicht etwas geben, damit meine Mutter wieder gesund wird?‹ Bis zu diesem Augenblick hatte er auf die großen Vordertatzen des Löwen hinuntergestarrt und auf die riesigen Krallen, doch jetzt blickte er in seiner Verzweiflung auf und sah dem Löwen direkt ins Gesicht. Was er da sah, bescherte ihm die größte Überraschung seines Lebens. Das goldbraune Gesicht war zu ihm heruntergebeugt, und große schimmernde Tränen standen in den Löwenaugen. So groß waren diese Tränen und so strahlend, verglichen mit seinen eigenen, daß Digory einen Augenblick lang dachte, der Löwe müsse über das schlimme Schicksal seiner Mutter noch trauriger sein als er selbst.«

In der Geschichte gibt Aslan Digory einen Wunderapfel, der die Mutter gesund macht. Für den Jungen Jack gab es kein Happy-End. Er und Warnie mußten bald erleben, daß der Tod sie nicht nur von der Mutter, sondern auch von ihrem Vater getrennt hatte, der in seinem Leid untröstlich war. Die Brüder rückten »täglich näher zusammen – zwei verängstigte Kinder, die sich in einer rauhen Welt wärmesuchend aneinanderklammerten«.

Jack brauchte lange, um mit dem Tod seiner Mutter fertig zu werden: »Alles Glück, alles Stetige und Verläßliche verschwand aus meinem Leben. Es würde noch manchen Spaß, manches Vergnügen geben... aber die alte Geborgenheit fehlte. Das Festland war versunken, und nur noch Meer und Inseln waren geblieben.«

Fünfzig Jahre später suchte das Schreckgespenst der mütterlichen Leiden ihn noch einmal heim: Joy Davidman, die Frau, die er liebte, lag im Sterben, auch sie hatte Krebs.

Das Jahr 1908 brachte für Jack ein Unheil nach dem anderen. Nur wenige Wochen nach dem Tod seiner Mutter wurde er mit Knickerbockern, schweren Stiefeln, gestärktem Schülerkragen und einem steifen Filzhut ausstaffiert und nach England verfrachtet. Ziel seiner Reise war die Wynyard School in Watford, Hertfordshire, die sein Bruder Warnie bereits besuchte.

Lewis hat diese Schule später unter dem Namen »Belsen« geschildert und die zwei Jahre, die er dort verbrachte, »vergeudet und unglücklich« genannt. Der Schulleiter, Reverend Robert Capron (mit dem Spitznamen »Oldie«), war ein grausamer Zuchtmeister; schon für den kleinsten Fehler in Geometrie konnte er einen Jungen unbarmherzig verprügeln.

Oldie hatte eine Reihe bevorzugter Opfer, und wenn auch Jack und Warnie das Glück hatten, nicht zur Schar dieser Auserwählten zu gehören, mußten sie doch immer wieder die brutale Behandlung vieler ihrer Kameraden mitansehen.

Trotz des unbarmherzig straffen Regiments lernten die Schüler an der Wynyard School aber offensichtlich nicht viel mehr, als zu wissen, was Angst ist. Im Laufe des ersten Jahres an der Schule schrieb Jack seinem Vater: »Wir KÖNNEN EINFACH NICHT in diesem Loch warten, bis das Schuljahr zu Ende ist.« Doch sein Drängen fand kein Gehör.

Vielleicht war es gerade diese alles durchdringende Atmosphäre von Strafe und Hoffnungslosigkeit, die Jack empfänglich machte für die anglikanischen Gottesdienste, die sie jeden Sonntag zweimal besuchen mußten. Zum erstenmal verstand er wirklich, was das Christentum lehrte, und nahm einen bewußten Anlauf, jeden Tag in der Bibel zu lesen und zu beten.

In der Religion fand Jack einen Trost, im Lesen einen Fluchtweg. Er las Bücher von E. Nesbit, A.E.W. Mason, Conan Doyle, Rider Haggard und H.G. Wells, dessen Science fiction Jacks frühe Schreibversuche beeinflußte:

»›Bensin, ich gehe auf den Mars‹, sagte er in seiner kurzen Art. Ich lachte. ›Wie?‹ fragte ich. ›Per Schiff‹, antwortete er, ›ich brauche weiter nichts als Geld.‹ ›Sei nicht verrückt, Brown‹, sagte ich, ›das schaffst du nie!‹ ›O doch, das schaff ich‹, erwiderte er, ›jedenfalls werd ich's versuchen.‹ ›Es ist nicht recht, Selbstmord zu begehen, noch dazu, wenn man Frau und Kinder hat‹, bemerkte ich. ›Nein, wirklich nicht‹, sagte Brown, ›aber das tu ich auch nicht. Ich habe nur gedacht, ich wollte dir die Gelegenheit geben, mitzukommen – magst du?‹ Mitkommen! *Daran* hatte ich zuletzt gedacht. Ich überlegte, dann sagte ich: ›Wenn es dir nichts ausmacht, Brown, warte ich, bis du mit deinen Vorbereitungen fertig bist.‹ ›Tut mir leid, Bensin‹, erwiderte mein Freund, ›aber ich werde in Zentralafrika starten, mein Schiff läuft morgen abend von Southampton aus!‹«

Es muß in Wynyard Zeiten gegeben haben, in denen Jack alle Gefahren einer Weltraumfahrt auf sich genommen hätte, wenn er damit seinem Schul-Konzentrationslager hätte entfliehen können.

Die Erlösung kam 1910, als der Schulleiter für psychisch krank erklärt und die Schule geschlossen wurde. Warnie war bereits am Malvern College, doch für Jack mußte eine neue Schule gefunden werden.

Albert Lewis beschloß, Jack im Campbell College, der Privatschule von Belfast, anzumelden, doch sein Aufenthalt dort war von kurzer Dauer. Schon nach einem halben Trimester bekam Jack einen so schlimmen Husten, daß er der Schule fernbleiben mußte.

Er verbrachte die Krankheitszeit – hinter einem großen Stoß Bücher – in Little Lea, während sein Vater, der aus irgendeinem Grunde nicht mit Campbell zufrieden war, neue Pläne für seine Ausbildung machte und ihn schließlich in Cherbourg, einer Vorbereitungsschule für das Malvern College, einschrieb.

Das Trimester begann im Januar 1911, und Jack konnte mit Warnie, der bereits aufs dortige College ging, nach Malvern reisen. Nach der Ankunft schrieb er begeistert an seinen Vater: »Cherbourg gefällt mir sehr gut. Es sind siebzehn Jungen hier. Wir haben drei Lehrer, Mr. Allen, Mr. Palmer und Mr. Jones, der *sehr* dick ist... Malvern gehört zu den hübschesten englischen Städten, die ich kenne. Die Berge sind prächtig, aber natürlich nicht so schön wie unsere.«

Jack hat später einmal erklärt, in Cherbourg habe seine eigentliche Ausbildung begonnen. »In Latein und Englisch war ich bald in meinem Element und wurde sogar als aussichtsreicher Kandidat für ein Stipendium am College betrachtet.«

Gleichzeitig mit dem schulischen Fortschritt wuchs in Jack das Bewußtsein, daß Reife – körperliche und intellektuelle Reife – ein höchst begehrenswerter Zustand sei. Unter dem Ansturm der Pubertät hatten sexuelle Versuchungen leichtes Spiel. Dazu kam die Entdeckung, daß es Religionen gab, die anders waren als sein eigener Glaube – etwa die heidnischen, von denen er bei den Klassikern las, oder die seltsamen okkulten Vorstellungen, in die er durch die Hausmutter eingeführt wurde. Als er schließlich seinen eigenen Glauben verwarf, tat er es »ohne das Gefühl, etwas zu verlieren, sondern mit der größten Erleichterung«.

Lewis sollte später recht beschämt auf die Veränderungen zurückblicken, die er in Cherbourg durchmachte. In dem »Verlangen, aufzufallen, zu glänzen, schick zu sein und Bescheid zu wissen«, mühte er sich verzweifelt ab, einen »Gecken, einen ordinären Kerl und Snob« aus sich zu machen, und das sei ihm auch gelungen.

Aber seine Entwicklung verlief nur teilweise negativ. Lewis selbst schreibt in seiner Autobiographie *Überrascht von Freude*: »Unterdessen geschah neben dem Verlust meines Glaubens, meiner Keuschheit und meiner Einfalt noch etwas ganz anderes.«

Eines Tages stieß er in der Schule zufällig auf die Weihnachtsausgabe von 1911 des *Bookman*, einer literarischen Zeitschrift, die in einer farbigen Beilage die Illustrationen von Arthur Rackham zu *Siegfried und die Götterdämmerung* enthielt. Beim Durchblättern von Rackhams urwüchsigen Helden-, Zwergen- und Drachenbildern empfing Jack »den Stich, den Schmerz, das unstillbare Verlangen« einer Empfindung, die er später als »Freude« bezeichnen sollte.

Obschon er noch nie etwas von Wagner oder Siegfried gehört hatte, füllten augenblicklich phantastische neue Bilder seine Einbildungskraft: »Das ›Nordische‹ überwältigte mich: eine Vision gewaltiger, klarer Räume, die in der endlosen Dämmerung des nordischen Sommers, seiner Ferne, seiner Strenge, über dem Atlantik hängen...«

In *The Soundbox*, einem Schallplattenkatalog, fand Jack In-
haltsangaben zu Wagners *Ring der Nibelungen*, und sogleich
machte er sich daran, selbst ein Epos über dieses Thema zu
schreiben. Aus zusammengespartem Taschengeld erstand er
nun Wagnerplatten, den *Ring der Nibelungen*, *Lohengrin* und *Par-
sifal*. Und schließlich konnte er sich dank Warnie, der mit sieben
Schilling und sechs Pennies die Hälfte dazu beisteuerte, die
Billigausgabe von Rackhams *Siegfried* kaufen und seine Augen
wieder und wieder an diesen dramatischen Bildern mit ihren
brütenden Himmeln, den knorrigen Wäldern und den dahin-
welkenden Erdenbewohnern weiden.

Nach Rackham und Wagner verschlag Jack alles, was er sich
über die nordische Mythologie beschaffen konnte. Seine Verses-
senheit war so groß, daß er später einmal meinte, wenn er jemand hätte finden können, der ihn das Altnordische lehrte, so
hätte er die Gelegenheit begeistert ergriffen.

Es war vielleicht besser, daß sich diese Gelegenheit nicht bot,
sonst hätten wohl seine übrigen Studien darunter gelitten. So
aber erfüllte er die Erwartungen, die man schon anfangs in ihn
gesetzt hatte, und erhielt am Ende des Sommertrimesters 1913
ein Stipendium für den Eintritt in das Malvern College.

Zu der Zeit, als sich Jack in Malvern einschrieb, hatte sein
Bruder Warnie das College bereits verlassen. Er hatte sich für
eine militärische Laufbahn entschieden und erhielt jetzt in Great
Bookham bei W.T. Kirkpatrick, dem früheren Lehrer seines Vaters, Privatunterricht zur Vorbereitung auf die Aufnahmeprüfung für die Königliche Militär-Akademie in Sandhurst.

Jack war über die Aussicht, seinem Bruder aufs »Coll« zu folgen, hocherfreut, und es ist deshalb nur natürlich, daß seine ersten Eindrücke positiv waren. Da war einmal die Schule selbst:
ehrwürdige Gebäude mit Zinnen und Türmen, Kreuzgängen
und pfeilerverstrebten Mauern; die weiten Rasenflächen mit ihren uralten Eichen; und da war außerdem der »weltliche Pomp,
die Macht und der Ruhm« der Schularistokratie, der sogenannten Bloods (der »Blaublütigen«). »Die ganze Schule war ein großer Tempel für die Anbetung dieser sterblichen Götter; und kein
Junge hat jemals mehr Bereitschaft mitgebracht, sie zu verehren,
als ich.«

Tatsächlich wurde dann Jacks Zeit am Malvern College nicht ganz so vergnüglich. Er merkte bald, daß das aristokratische System verlogen und korrupt war. Ihn ärgerten die unendlichen (offiziellen und inoffiziellen) Regeln und Vorschriften und die unerquicklichen Dienstbarkeitsrituale, denen sich die jüngeren Schüler zu unterziehen hatten. Und das ewige Reden über Ballspiele – in denen er schlecht war – und über die College-»Dirnen« (jüngere, von den Bloods als Liebhaber auserkorene Jungen) – die ihm gleichgültig waren – langweilte ihn zu Tode.

»Tatsache ist«, schrieb Warnie später, »daß man ihn nie in eine Privatschule hätte schicken dürfen. Schon mit vierzehn war seine Intelligenz so ausgeprägt, daß er besser zu Studenten als zu Schuljungen gepaßt hätte; und bei seinem Charakter konnte es gar nicht anders sein, als daß er in dem auf Kollektivierung und Normierung angelegten System der Public School zum Außenseiter, zum Ketzer und verdächtigen Objekt wurde.«

Doch – gewissermaßen als Entschädigung – kam Jack in Malvern unter den bildenden Einfluß des Klassenlehrers, Harry Wakelyn Smith, der von den Schülern liebevoll Smugy (sprich: Smjudschy) genannt wurde. »Große Brillengläser und ein breiter Mund... beides zusammen gab ihm einen froschhaften Ausdruck, aber nichts konnte weniger froschhaft sein als seine Stimme. Sie war melodisch. Jeder Vers, den er vorlas, verwandelte sich auf seinen Lippen in Musik, in etwas, das halb Rede, halb Gesang war. Das ist nicht die einzige gekonnte Art, Verse zu lesen, aber es ist die einzige, mit der man begeistert... Er lehrte mich als erster das richtige Gefühl für Dichtung, wie man sie für sich allein genießen und sprechen sollte.«

Während dieses Jahres in Malvern las Jack ausgiebig – wenn er nicht gerade für die Bloods Schuhe putzen mußte; nicht nur im Unterricht – dort lernte er Vergil, Horaz und Euripides kennen –, sondern auch in der Schulbibliothek, wo er zum ersten Mal auf Milton und Yeats stieß und ein Buch über keltische Mythologie entdeckte, das seine Phantasie beinahe so stark gefangennahm, wie die nordischen Sagen es getan hatten.

Aber bei allen Anregungen, die ihm geboten wurden, fühlte

sich Jack im Malvern College unwohl und bat am Schluß des ersten Jahres seinen Vater, ihn von dort wegzunehmen. Überraschenderweise war Albert Lewis damit einverstanden.

Er bestimmte, daß Jack in Warnies Fußstapfen treten und bei W.T. Kirkpatrick Privatunterricht erhalten sollte. Vielleicht bewog ihn Warnies Erfolg bei der Aufnahmeprüfung für Sandhurst – er rangierte unter den 201 Kandidaten an einundzwanzigster Stelle und bekam ein Stipendium – zu diesem Entschluß.

Um diese Zeit erlebte Jack »ein weiteres großes Glück«: Arthur Greeves, der Sohn des nächsten Nachbarn der Familie Lewis, war krank gewesen, und Jack wurde eingeladen, den Genesenden zu besuchen. Die Jungen kannten einander flüchtig, und für Jack war der Besuch zweifellos mehr Pflicht als Vergnügen. Aber er sollte das genaue Gegenteil werden.

»Ich fand Arthur im Bett sitzend. Auf dem Nachttisch lag ein Exemplar der *Nordischen Götter- und Heldensagen.*

›Was, *du* magst das?‹ fragte ich.

›Was, *du* auch?‹ entgegnete er.

Im nächsten Augenblick war das Buch in unseren Händen, wir beugten gemeinsam die Köpfe darüber, deuteten auf diese oder jene Stelle, zitierten, redeten – schrien bald – und entdeckten in einem Schwall von Fragen, daß wir nicht nur das gleiche liebten, sondern auch die gleichen Stellen daraus auf die gleiche Art; daß wir beide die FREUDE kannten, den Stich durchs Herz, und daß auf uns beide der Pfeil aus dem Norden abgeschossen worden war.«

Bald wurde Arthur, wie Lewis später schrieb, »nach meinem Bruder mein ältester und bester Freund«. Neunundvierzig Jahre sollte ihre Freundschaft dauern, bis zu Jacks Tod im Jahre 1963.

1914 war Jack so sehr in der nordischen Welt der Helden und großen Krieger versponnen, daß die internationale Unruhe, die in der wirklichen Welt aufkam, kaum in sein Bewußtsein drang. Warnie hatte gerade Urlaub, als England am 4. August Deutschland den Krieg erklärte.

Bereits im September wurde Warnie zum Leutnant des Royal Army Service Corps ernannt und war schon bald mit dem Britischen Expeditionskorps nach Frankreich unterwegs.

Im selben Monat reiste Jack nach England, um seinen neuen Lehrer kennenzulernen. »Er war über einen Meter achtzig groß, sehr schäbig gekleidet, dürr wie eine Bohnenstange und ungeheuer muskulös. Sein faltiges Gesicht schien ganz aus Muskeln zu bestehen – soweit man es sehen konnte, denn er trug einen Schnurrbart und einen Backenbart, nur das Kinn war glattrasiert wie das Kaiser Franz Josephs.«

W. T. Kirkpatrick war, so hat Lewis immer behauptet, der einzige Mensch, den er kannte, der nahezu ein »rein logisches Wesen« war. Mit dieser Eigenschaft forderte er seinen jungen Schüler unermüdlich heraus und legte so den Grund zu der messerscharfen Logik von Lewis' eigenem methodischen Denken.

Schon zwei Tage nach seiner Ankunft fand sich Jack zum ersten Mal in Homer vertieft. Kirkpatricks Lehrmethode war höchst individuell – er bot ein Minimum an Hilfe und erwartete ein Maximum an eigenem Einsatz, gab aber stets enthusiastischen Ansporn – doch für Jack war das »kräftiges Rindfleisch und starkes Bier«, und er schrieb an Arthur Greeves: »Nachdem ich es eine Woche probiert habe, bin ich zu dem Schluß gekommen, daß eine entscheidend wichtige Zeit vor mir liegt.«

Und das stimmte. Die folgenden zweieinhalb Jahre waren für Jacks intellektuelle Entwicklung von größter Bedeutung: »Es ist keine sentimentale Phrase, sondern schlichte Tatsache, wenn ich sage, daß ich ihm auf intellektueller Ebene alles verdanke, was ein Mensch einem anderen verdanken kann.«

Für einen Jungen, der nichts lieber tat als lesen, war Kirkpatricks Haus ein Paradies. Er las und übersetzte Griechisch und Latein, entdeckte aber auch mehr und mehr neuere Bücher, die ihm gefielen – Boswell, Spenser, Sterne, Malory, Morris, Ruskin, Keats und Ibsen (sogar Virginia Woolf). Die Wahl des Lesestoffs war einzig durch Jacks literarische Neugier begrenzt, und die schien nahezu grenzenlos.

Eine besondere Entdeckung, die er im Bahnhofskiosk des nahegelegenen Leatherhead machte, sollte auf Lewis solch eine tiefe, bleibende Wirkung haben, daß er die Begebenheit später, als er in *Überrascht von Freude* darüber schrieb, geheimnisvoll und poetisch darstellte:

»Der Abend, von dem ich jetzt spreche, war im Oktober. Ich

und ein Bahnbeamter hatten den langen Holzbahnsteig von Leatherhead für uns allein. Es war schon so dunkel, daß der Rauch einer Lokomotive von unten rot glühte, weil sich in ihm die Glut des Kessels spiegelte. Die Berge hinter dem Dorking-Tal waren von einem intensiven, fast violetten Blau, und der Himmel war grün von Frost. Meine Ohren brannten vor Kälte... Ich ging zum Bücherstand und zog einen *Everyman* in schmutzigem Schutzumschlag heraus, *Phantastes, a faerie Romance* von George MacDonald. Dann fuhr der Zug ein. Ich höre noch den Bahnbeamten rufen: ›Zug nach Bookham, Effingham, Horsley!‹ An jenem Abend begann ich mein neues Buch zu lesen.«

Jahre später erzählt Lewis in seiner Einführung zu *George MacDonald, An Anthology* das Erlebnis noch einmal und fügt hinzu: »Wenige Stunden später wußte ich, daß ich eine wichtige Grenze überschritten hatte.«

Das 1858 erstmals erschienene *Phantastes* ist ein herrliches – aber auch verwirrendes – Buch. Es spiegelt das zutiefst geistliche Wesen seines Autors wider, der, bevor er Schriftsteller wurde, Pfarrer bei den schottischen Kongregationalisten war. George MacDonalds Werk hat etwas leidenschaftlich Romantisches mit einem dunklen, mystischen Unterton.

Das Buch beginnt mit einer Begegnung zwischen seinem Helden Anodos und einer fremden Elfen-Fürstin:

»›Du wirst den Weg nach Elfenland morgen finden. Sieh mir jetzt in die Augen.‹

Begierig tat ich es. Sie erfüllten mich mit einer unbekannten Sehnsucht. Ich erinnerte mich dunkel, daß meine Mutter gestorben war, als ich noch ganz klein war. Ich blickte tiefer und tiefer hinein, bis sie mich wie Meere umfingen und ich in ihren Wassern versank. Ich vergaß alles um mich, bis ich mich auf einmal vor dem Fenster befand, seine dunklen Vorhänge waren zurückgezogen, und ich stand da und blickte in einen Himmel voller Sterne, die glitzerten und funkelten im Mondlicht. Darunter lag ein Meer, totenstill und mondblaß, das umspülte Buchten und Felsköpfe und Inseln, fort, fort, ich wußte nicht, wohin...«

»In jener Nacht«, schrieb Lewis über seine erste Lektüre von *Phantastes*, »wurde meine Phantasie gleichsam getauft; der Rest von mir brauchte, wie das ganz natürlich ist, länger.«

Er hatte sich, einzig seinem Vater zuliebe, am 6. Dezember 1914 konfirmieren lassen und nahm sein erstes Abendmahl, wie er später erklärte, »in totalem Unglauben, ich spielte nur Theater und aß und trank zu meiner Verdammnis. Es stimmt, ich wußte nicht und konnte auch nicht wissen, was ich da tat. Aber ich wußte sehr wohl, daß ich mit der größtmöglichen Feierlichkeit etwas vorgaukelte, was ich nicht empfand.«

Während Jack nicht den Mut hatte, seinem Vater zu sagen, was er wirklich vom Glauben hielt, äußerte er sich in seinen Briefen an Arthur Greeves weniger gehemmt, was erstaunlich ist, denn Arthurs Familie gehörte zu den Plymouthbrüdern, und Arthur selbst war gläubiger Christ. »Alle Religionen«, schrieb Jack, »das heißt alle Mythologien, um das Kind beim Namen zu nennen, sind bloße menschliche Erfindung.« Er war zu dieser Zeit ebenso überzeugt von der agnostischen Weltanschauung, wie er es einst vom christlichen Glauben gewesen war.

In Great Bookham lernte Lewis weiterhin mit großem Einsatz, und Kirkpatrick schrieb Albert Lewis in den glühendsten Worten über seinen Sohn: »Das Ungewöhnliche und Erstaunliche an ihm ist die Reife und Eigenständigkeit seines literarischen Urteils... Er hat in dieser Zeit mehr Klassiker gelesen als je ein anderer Junge bei mir... Er ist der brillanteste Übersetzer griechischer Dramen, der mir je begegnet ist.«

Viele Diskussionen drehten sich um die Frage, welche berufliche Laufbahn Jack einschlagen sollte. Sein Vater meinte, er solle Rechtsanwalt werden wie er selber oder zum Militär gehen wie Warnie, doch für Kirkpatrick gab es in dieser Sache keine Zweifel: Jack sollte auf die Universität. Und Universität hieß selbstverständlich Oxford.

Der Mythos, der wirklich geschah

»Diese Stadt übertrifft meine kühnsten Träume«, schrieb Jack an seinen Vater. »So etwas Schönes habe ich noch nie gesehen...«

Er war am 4. Dezember 1916, einem kalten, frostklaren Tag, in Oxford eingetroffen, um die Prüfung für ein Stipendium abzulegen. Sein Besuch begann allerdings mit einer kleinen Enttäuschung. Beim Verlassen des Bahnhofs wandte er sich irrtümlich stadtauswärts und landete in den trübseligen Straßen eines Vororts. »Erst als klar wurde, daß vor mir nicht mehr viel Stadt geblieben war, ja, daß ich aufs freie Land hinaus kam, drehte ich mich um und schaute zurück. Dort hinten, nur in der Ferne, lag das seitdem nie schönere, das legendäre Gewirr von Türmen und Türmchen...« Er ging den Weg zurück und war bald überwältigt von der Architektur und Atmosphäre dieses Ortes, den Keats einst »die schönste Stadt der Welt« genannt hatte.

Am Tag nach seiner Ankunft fand in der Aula des Oriel College die Prüfung statt. »Es war sehr kalt«, erinnerte er sich später, »der einsetzende Schneefall verwandelte die Zinnen und Fialen in Hochzeitskuchendekorationen, und wir schrieben alle in dicken Mänteln, hatten Schals umgebunden und mindestens den linken Handschuh an. Der Rektor verteilte die Aufgaben. Ich weiß nicht mehr viel davon, aber ich hatte das Gefühl, es schlecht zu machen.«

Nathaniel Hawthorne bemerkte einmal: »Auf der ganzen Welt gibt es keine zweite Stadt wie Oxford; einen solchen Ort wieder zu verlassen, wenn man ihn einmal gesehen hat, bricht einem das Herz.« Jack jedoch hatte wenig Hoffnung, zurückzukehren, als er Oxford nach der Stipendiatsprüfung verließ. Er war überzeugt, daß er durchgefallen war. Doch zehn Tag später stand in der Liste der Stipendiaten, die in der *Times* veröffentlicht wurde, sein Name – »Clive S. Lewis, University College«.

Das 1249 gegründete University College ist das älteste von allen Colleges in Oxford; der Dichter Shelley zählt zu seinen ehemaligen Studenten. Obwohl Jack nun am University College angenommen war, mußte er noch eine weitere Prüfung für Oxford ablegen, die sogenannten »Responsions«, wozu auch eine obligatorische Arbeit in elementarer Mathematik gehörte.

Da Jack Mathematik, wie elementar auch immer, einfach nicht begreifen konnte, wurde er nach Bookham zurückgeschickt, um mit Kirkpatrick zu pauken. Von dort aus schrieb er über die Aussicht, ans College zu gehen, begeistert an Warnie: »Oxford ist einfach fabelhaft, und ich freue mich riesig darauf und kann es fast nicht erwarten...«

Doch seine Vorfreude bekam einen Dämpfer: Der Krieg mit Deutschland war in eine kritische Phase getreten, und in England war die allgemeine Dienstpflicht eingeführt worden. Zwar hätte Jack als Ire Befreiung vom Militärdienst verlangen können, doch er empfand es als seine klare Pflicht, sich als Freiwilliger zu melden; um so mehr, als sein Bruder bereits an der Front kämpfte. Dabei erfuhr er, daß er als Student direkt in das Offiziersausbildungskorps eintreten und möglicherweise das Offizierspatent erwerben konnte.

Die Zeit in Bookham verbrachte Jack nicht nur mit Mathematiklernen, sondern auch mit Lesen (neben englischer auch italienische und deutsche Literatur) und dem Schreiben von Gedichten und Prosa, das meiste davon in epischer Breite und romantischem Stil. Vielleicht hätte er sich mehr auf die Mathematik konzentrieren sollen (vor allem auf sein schwächstes Fach, Algebra), denn in der Prüfung im März 1917 fiel er durch.

Trotzdem wurde Jack aber als Student anerkannt, so daß er seinen Militärdienst im Ausbildungskorps der Universität antreten konnte.

Er traf am 26. April 1917 im University College ein, und schon bald schilderte er in langen, begeisterten Briefen an Arthur Greeves die Stadt, ihre Bräuche und Bewohner: Er schwärmte von den Bibliotheken und Buchhandlungen und

rühmte die einzigartigen Freuden von Oxford – etwa die Boots-
fahrten auf dem Fluß und Besuche in »Parson's Pleasure«, einem
abgeschiedenen Ort, wo die männlichen Mitglieder der Universität nackt badeten.

Es machte ihm großen Eindruck, an Shelleys ehemaligem
College zu sein, und er beschrieb Arthur das Denkmal des Dich-
ters, an dem er jeden Tag vorbeikam: »Auf einer schwarzen
Marmorplatte, in deren Unterseite weinende Musen eingemei-
ßelt sind, liegt, aus weißem Stein, die nackte Gestalt von Shelley,
so wie ihn das Meer an Land geworfen hat – in ganz eigenartiger
Stellung, die Muskeln sind schön modelliert, die Glieder unna-
türlich verrenkt…«

Kurz gesagt, Jack fand Oxford »einfach großartig«. »Du
müßtest nur einmal den Innenhof sehen«, schrieb er Arthur,
»wenn in mondhellen Nächten die langen Schatten über den halben Platz und den makellosen Rasen fallen, und dahinter das
Gewirr von Giebeln und Türmen, das sich in die Dunkelheit
hebt. Oh, ami, ami, wie herrlich, wenn wir zusammen hier wären… wie könnten wir in der Stille dieser Räume, beim Feuer-
schein und dem Summen des Teekessels miteinander reden…«

Zwei Monate später wurde Jack in ein im Keble College ein-
quartiertes Kadettenbatallion einberufen und in die »Tommy-
Uniform« gesteckt. Wie sehr er sich bewußt war, bald in einen
Krieg zu ziehen, der sehr wohl dem schönen Leben, das eben erst
begonnen hatte, ein Ende setzen konnte, zeigte sich darin, daß er
alle seine bisherigen Gedichte zusammenstellte in der Hoffnung,
einen Verleger dafür zu interessieren. »Dann werde ich mich,
falls die Parzen beschließen, mich an der Front zu töten, neun
Tage lang der Unsterblichkeit erfreuen, und meine Freunde, die
nichts von Dichtung verstehen, werden denken, ich müsse ein
Genie gewesen sein.«

Jack gewöhnte sich zwar an das neue Leben der militärischen
Ausbildung mit ihrem stundenlangen Drill und Exerzieren,
doch er empfand es als bitter hart, aufzugeben, was er vor so
kurzem erst erlangt hatte. »Du kannst Dir nicht vorstellen«,
schrieb er an seinen Vater, »wie lieb mir das College geworden
ist, besonders, seit ich weg bin…«

Über seine Mitkadetten äußerte sich Jack ziemlich abschätzig, sah er in ihnen doch zweifellos die Eigenschaften, die ihm seinerzeit an den Mitschülern des Malvern College so verhaßt geworden waren. Viele von ihnen betrachtete er als »gemeine Kerle und Dummköpfe... Man muß sie nicht groß beschreiben; manche sind schlecht, andere einfach dumm, alle gewöhnlich und uninteressant.«

Natürlich gab es Ausnahmen, und Jack erzählte Arthur, er habe »ein paar prima Freunde« gefunden, zu denen auch sein Zimmerkollege E.F.C. Moore, genannt Paddy, gehörte; Jack beschrieb ihn als »einen ganz netten Kerl, wenn auch für den rauhen Alltag ein bißchen zu kindlich und tugendhaft«.

Paddy stammte aus Bristol, doch seine Mutter, Mrs. Janie King Moore, die schon mehrere Jahre von ihrem Mann getrennt war, lebte mit ihrer elfjährigen Tochter Maureen in einer Mietwohnung in Oxford. Bald nahm Paddy Jack mit, wenn er seine Familie besuchte.

Mrs. Moore war eine attraktive Frau: Sie war fünfundvierzig Jahre alt und eine starke, beherrschende Persönlichkeit. Jack empfand gleich Zuneigung zu ihr. Doch aus der Zuneigung wurde eine seltsame Bindung, die weitreichende Folgen haben sollte und seinen engsten Freunden – ja, selbst Warnie – immer ein Rätsel blieb.

Im August verbrachte Jack einen dreitägigen Urlaub bei seinem Vater in Belfast. Dann schickte man ihn eine Woche lang zur Intensivschulung nach Warwick, worauf er, am 25. September 1917, zum Leutnant des dritten Bataillons der Leichten Infanterie von Somerset befördert wurde. Er bekam einen Monat Urlaub – ein Zeichen, daß er bald an die Front geschickt werden sollte –, den er diesmal jedoch größtenteils bei Paddy Moore und seiner Mutter in Bristol verbrachte; erst am Ende des Monats ging er noch für ein paar Tage zu seinem Vater nach Hause.

Jacks Verhältnis zu seinem Vater war bestenfalls kühl. In *Überrascht von Freude* porträtiert er ihn als liebenswürdigen Exzentriker: »Mein Vater war nicht auf den Kopf gefallen. Er hatte sogar etwas Geniales. Zugleich hatte er... eine Fähigkeit, Dinge durcheinanderzubringen oder falsch zu deuten, wie niemand sonst, den ich kenne. Erzählte man ihm, ein Junge namens

Churchwood habe eine Feldmaus gefangen und sie als Haustier behalten, so konnte er ein oder auch zehn Jahre später fragen: ›Hast du mal gehört, was aus dem armen Chickweed geworden ist, der solche Angst vor Ratten hatte?‹«

Zu dieser kauzigen Eigenschaft kam die unerschütterliche Überzeugung, daß »nichts aus einem einleuchtenden Grund gesagt oder getan werde«. Deshalb interpretierte Albert Lewis »das Verhalten anderer Leute, auch wenn er sie gar nicht kannte, durch ein vieldeutiges und labyrinthisches Verfahren, das er ›zwischen den Zeilen lesen‹ nannte. Einmal in dieses Fahrwasser geraten«, sagte Jack, »konnte er alles in der Welt behaupten, und immer mit unerschütterlicher Überzeugung.«

Das Zusammenwirken dieser beiden Eigenschaften hatte zur Folge, daß Jack alles, was er mit seinem Vater redete, einer Zensur unterzog – ja, gelegentlich log er ihn sogar an –, um unnötige Mißverständnisse zu vermeiden. Mit besonderer Zurückhaltung sprach Jack jetzt und auch später über seine Beziehung zu den Moores, und als Albert Lewis, richtig oder falsch, »zwischen den Zeilen las«, schaffte das eine Barriere zwischen ihnen, die bis zum Tode seines Vaters bestehen blieb.

Die Freundschaft mit Paddy und die wachsende Zuneigung zur Mutter seines Freundes führten dazu, daß Jack eine für ihn außergewöhnlich gefühlsbetonte Verpflichtung einging. Er versprach, für Mrs. Moore zu sorgen, falls Paddy im Krieg etwas zustoßen würde. Wahrscheinlich gab Paddy ein umgekehrtes Versprechen in bezug auf Mr. Lewis, doch die Abmachung ging eindeutig zu Jacks Lasten.

Nach dem Urlaub mußte Jack in Crownhill in der Nähe von Plymouth einrücken. Ein paar Tage darauf wurde er nach Frankreich in Marsch gesetzt. Am 15. November 1917 telegraphierte er seinem Vater: »In Bristol angekommen, 48 Stunden Urlaub. Einrücken Samstag Southampton. Kannst Du nach Bristol kommen? Wenn ja, Treffpunkt Bahnhof.« Für die Antwort gab er Mrs. Moores Adresse an.

Albert Lewis, die Sache, wie immer, falsch interpretierend und verwirrend, antwortete: »Verstehe Telegramm nicht. Bitte schreibe.« Am nächsten Morgen telegraphierte Jack nochmals und machte die Botschaft so klar, daß selbst sein Vater sie verstehen mußte: »Marschbefehl Frankreich. Einrücken Southampton Samstagnachmittag vier Uhr. Falls Du kommst, telegraphiere umgehend.«

Sein Vater telegraphierte nicht, noch kam er. Jack reiste am 17. November nach Frankreich ab und traf an seinem neunzehnten Geburtstag in den Schützengräben der Front ein.

Anfang 1918 hatte er, wie er sich ausdrückte, »das Glück, eine bei der Truppe ›Grabenfieber‹, bei den Ärzten PUU (Pyrexie unbekannten Ursprungs) genannte Krankheit zu bekommen, und wurde für drei herrliche Wochen ins Krankenhaus von Le Tréport geschickt«.

Er hatte von Kind auf gelernt, »eine kleine Krankheit zu einer der Freuden des Lebens zu machen«, und genoß es in vollen Zügen, daß er vorübergehend die Schützengräben gegen ein Bett vertauschen konnte und damit Gelegenheit hatte, zu tun, was er am allerliebsten tat – lesen. Eines der Bücher, die er las, war ein Band mit Essays von G.K. Chesterton, dessen Schriften später einen starken Einfluß auf seine Einstellung zum Christentum haben sollten.

Rückblickend sagte er einmal: »Beim Lesen von Chesterton wie beim Lesen von MacDonald wußte ich nicht, in was ich mich eingelassen hatte. Ein junger Mann, der Atheist zu bleiben wünscht, kann nicht vorsichtig genug in seiner Lektüre sein. Es sind da überall Fallen – ›geöffnete Bibeln, Millionen von Überraschungen‹, wie Herbert sagt, ›feine Netze und Kriegslisten‹. Gott ist, wenn ich so sagen darf, skrupellos.«

Ende Februar war Jack aus dem Krankenhaus entlassen und wieder an der Front. Der Krieg ging nun in seine verzweifelte Endphase, und Sieg und Niederlage hielten sich die Waage. Jack sollte lebhafte Erinnerungen an die Schrecken des Stellungskrieges behalten. »...die Ängste, die Kälte, der Geruch des hochexplosiven Sprengstoffs, die furchtbar zerfetzten Männer, die sich noch, wie halbzertretene Käfer, bewegten, die sitzenden und stehenden Leichen, die nackte Erde, auf der nicht ein Grashalm sproß, die Stiefel, die man Tag und Nacht an den Füßen behielt, bis man das Gefühl hatte, sie seien angewachsen... Ich kannte beides – Menschen, die schon längst, und solche, die gerade gestorben waren, und das Gefühl gegenüber Leichen, das beim

Anblick meiner toten Mutter in mir entstanden war, verstärkte sich. Ich lernte den einfachen Mann kennen und bemitleiden und achten; besonders den lieben Unteroffizier Ayres, der, wie ich vermute, von der gleichen Granate getötet wurde, die mich verwundete...«

Es war keine feindliche, sondern eine englische Granate, die am 15. April 1918 in der Schlacht von Arras am falschen Ort fiel und explodierte.

»Es geht mir ausgezeichnet«, schrieb er einen Monat später an seinen Vater, »die Wunde unter meinem Arm ist schlimmer als eine gewöhnliche Fleischwunde, weil das Metallstückchen, das dort eingedrungen ist, jetzt in meiner Brust sitzt... das ist jedoch kein Grund zur Besorgnis, denn es macht nichts... Sie haben mir gesagt, ich könne es für den Rest meines Lebens ohne irgendwelche schlimmen Folgen mit mir herumtragen...«

Er schloß seinen Brief mit einer weniger erfreulichen Mitteilung: »Meine Bekannte, Mrs. Moore, ist in großer Sorge – Paddy ist seit über einem Monat vermißt, wahrscheinlich ist er tot...«

Ende Mai war Jack zurück in England und lag in einem Londoner Krankenhaus. Obwohl ihm der Splitter in der Brust keinerlei Beschwerden verursachte, schrieb er an Arthur: »Mrs. Moore und ich hoffen immer, daß er doch noch irgendwelche Unannehmlichkeiten macht und mir so zu einer längeren Krankheitszeit verhilft...«

Verständlicherweise hing Jack nun sehr an Mrs. Moore; sie gab ihm die mütterliche Zuwendung, die er seit dem Tod seiner eigenen Mutter entbehrt hatte, und ihre Freundlichkeit und Anteilnahme entschädigten ihn für die Gleichgültigkeit seines Vaters – Albert Lewis besuchte ihn kein einziges Mal, obwohl Jack ihn wiederholt darum bat.

Schließlich wurde Jack in ein Erholungsheim in Bristol bei Clifton verlegt (so gewählt, damit er in der Nähe von Mrs. Moore war). Seine Wunden verheilten nur langsam. Dazu kam, daß in dem Erholungsheim eine ansteckende Krankheit ausbrach, die zu seiner Isolierung führte, wodurch Jacks Genesung sich hinauszögerte und er vor einer Rückkehr nach Frankreich bewahrt wurde. Am 11. November 1918 wurde der Waffenstillstand unterzeichnet. Der Krieg war zu Ende.

Es war nun sicher, daß Paddy Moore tot war. In einer seltsamen Anwandlung von Nächstenliebe schrieb Albert Lewis an Mrs. Moore und sprach ihr sein Beileid aus. Mrs. Moore erwiderte in ihrer Antwort: »Ich habe nur für meinen Sohn gelebt, und es ist sehr schwer, jetzt weiterzumachen ... Jack ist immer so lieb zu mir. Mein armer Sohn hat ihn gebeten, sich um mich zu kümmern, falls er nicht zurückkäme. Für einen Jungen seines Alters hat er eine so wunderbare Fähigkeit, zu verstehen und mitzufühlen.«

Jack hielt das Paddy gegebene Versprechen und fühlte sich von nun an für Mrs. Moore und Maureen verantwortlich. Sowohl sein Bruder wie sein Vater sahen diese Verpflichtung und die Tatsache, daß er Mrs. Moore bereits aus seinem Studiengeld finanziell unterstützte, mit Sorge. Albert Lewis fand, Jack – »ein impulsives, gutmütiges Geschöpf« – habe sich von Mrs. Moore um den Finger wickeln lassen, doch Jack reagierte darauf mit der Weigerung, die Angelegenheit weiter zu diskutieren, und schwieg sich fortan noch mehr darüber aus.

Im Dezember wurde Jack aus dem Dienst entlassen, und im Januar 1919 kehrte er, nach einem kurzen Besuch in Belfast, nach Oxford zurück. »Die Stadt in ihrer winterlichen Pracht ist schöner denn je ... Ich kam recht spät am Abend an, gerade als der Mond aufging; der Pförtner erkannte mich sofort wieder und führte mich in dieselben alten Zimmer. Es war eine herrliche Heimkehr, und ich habe allen Grund, dankbar zu sein ...« Als er zu all seinem Glück noch erfuhr, daß der Kriegsdienst ihn von einer Wiederholung der gefürchteten *Responsions* befreite, begann er gleich, auf die *Honour-Mods*-Prüfung (eine Zwischenprüfung nach dem ersten Studienjahr) hinzuarbeiten.

Zwei Monate später erschien bei Heinemann Jacks erstes Buch, eine Gedichtsammlung unter dem Titel *Spirits in Bondage* (Geister in Ketten). »Dieser kleine Erfolg«, schrieb Jack seinem Vater, »macht mir eine Freude, die vielleicht kindisch ist und doch über sich hinausweist ...« Der Name auf dem Titelblatt lautete nicht C.S. Lewis, sondern »Clive Hamilton«, ein aus seinem ersten Vornamen und dem Mädchennamen seiner Mutter abgeleitetes Pseudonym.

Eines der Gedichte aus *Spirits in Bondage* zeigt, daß Feen, Satyre, Tritonen und »eine Insel des Glücks / wo ewge Gärten hold / und Früchte wie Kugeln aus purem Gold / schimmern durch grüne Orchideen…« noch immer ihre Faszination auf Jack ausübten – eine Faszination, die dreißig Jahre später in den *Narnia*-Geschichten zur vollen Blüte gelangen sollte.

1920 absolvierte Jack nach angestrengter Arbeit in Griechisch und Latein die *Honour-Mods*-Prüfung und bestand mit Sehr gut. Im Sommer desselben Jahres zogen Mrs. Moore und ihre Tochter endgültig nach Oxford um, wo sie – zusammen mit Jack – in Headington ein Haus mieteten.

Nach Jacks Tod im Jahre 1963 sagte Warnie einmal, auf die Beziehung seines Bruders zu Mrs. Moore zurückblickend, eines hätten er und Jacks Freunde nie verstanden: »Mrs. Moore war eine extrem unpassende Gefährtin für Jack. Sie war eine Frau von sehr begrenztem Horizont und stark dominierendem und besitzergreifendem Wesen. Sie schränkte seine Besuche beim Vater auf ein Minimum ein, störte ihn ständig bei der Arbeit und bürdete ihm alle mögliche Hausarbeit auf. All die zwanzig Jahre habe ich sie nie mit einem Buch in der Hand gesehen; ihre Gespräche drehten sich hauptsächlich um sie selbst, und wenn einmal nicht, dann erschöpften sie sich in einem von keiner Sachkenntnis getrübtem Dogmatismus. Sie war von einer Geistesbeschaffenheit, die er anderswo nicht ausstehen konnte…«

1921 machte Jack einen ersten von zwei Besuchen bei W.B. Yeats, der damals in Oxford lebte, und äußerte dazu erstaunt, er hätte es »niemals für möglich gehalten, daß jemand seiner Dichtung so ähnlich sehen könnte«. Diese Begegnungen mit dem großen irischen Dichter – der damals schon völlig in Mystizismus und Supranaturalismus aufging – sollten eine der Gestalten, eine Art Magier, in einem langen Versepos mit dem Titel *Dymer*, prägen, das Jack im folgenden Jahr zu schreiben begann:

»…er hörte Bienen summen,
Und ferne ging ein Mann im Dämmerschatten
Windloser Ulmen sinnend durch die Matten.

Hoch war sein Wuchs, unter dem Grauhaar stand
Sein bartlos Angesicht, so groß und mild,
Wie Vollmond über schattenblauem Land.
Ein resigniertes Grübeln, sehnend-wild
Sprach ihm aus Blick und Gang; doch war sein Bild
zugleich so hoheitsvoll, und heiter-ernst blickt er,
Als ob er eines mächt'gen Königs Kind und Erbe wär.

Die Luft um ihn war jenes Zaubers voll,
Den Huld uns wirkte in uralter Zeit,
Daß er verkläre unsere Nichtigkeit.«

Trotz Mrs. Moores »erdrückender Tyrannei«, wie sein Bruder
es einmal nannte, gelang es Jack, an *Dymer* weiterzuschreiben
und sich auf das *Greats* (die Abschlußprüfung zur Erlangung des
Bachelor's Degree) vorzubereiten. Von dieser Tyrannei schrieb
Jack selbst gutmütig in sein Tagebuch: »Es war ungeschickt, daß
Dymer ausgerechnet mit einem Anfall von Marmeladekochen
und Frühjahrsputz bei Mrs. Moore zusammenfallen mußte…
Es gelang mir aber, in den Pausen zwischen Küchendienst und
Botengängen nach Headington, eine ganze Menge zu schreiben… Ich konnte auch fast immer an mich halten. Haushaltsar-
beit ist eine ausgezeichnete Abwechslung bei Langeweile oder
häßlichen Gedanken – vielleicht ist das der Grund, weshalb die
arme Mrs. Moore es damit so maßlos übertreibt; als Abwechslung von der Arbeit, die man brennend gerne tun möchte und
(*gerade jetzt*, und der Himmel weiß, wann wieder) tun könnte,
kann sie einen rasend machen. Niemandes Schuld. Adams
Fluch.«
   Trotz vieler solcher Unterbrechungen bestand Jack 1922 das
Greats mit einem First (Note Sehr gut) und im folgenden Jahr
mit dem gleichen Ergebnis auch das Abschlußexamen in englischer Sprache und Literatur. Außerdem erhielt er für ein engli-
sches Essay den Chancellor's Preis. *Dymer* schließlich wurde
drei Jahre später vollendet und veröffentlicht (wiederum unter
dem Pseudonym »Clive Hamilton«).
   Man redete Jack, nun Inhaber dreier »Firsts«, sehr zu, weiter-
zustudieren und den Bachelor in Literatur oder den Doktor zu

machen, doch die Notwendigkeit, für seinen Adoptivhaushalt zu sorgen, machte das unmöglich. Sein akademischer Erfolg hätte es ihm sicher ziemlich leicht gemacht, zu »einer reichlich guten Anstellung als Lehrer« zu kommen, aber er entschied sich schließlich dafür, sich um eine Fellowship (Dozentenstelle) in Oxford zu bewerben.

Erstaunlicherweise war Albert Lewis bereit, weiter für seinen Sohn aufzukommen (und erhöhte sogar das Trimestergeld von 67 auf 85 Pfund), obwohl dieser mit Mrs. Moore in gemeinsamem Haushalt lebte. So konnte Jack es sich leisten, in Ruhe nach einer passenden Stelle zu suchen.

Er bewarb sich um die Fellowship in Philosophie am Trinity College, doch ohne Erfolg. Dann wurde ihm, nach einer schwierigen Zeit, in der er seine Einkünfte durch das Schreiben von Hochschulzeugnissen aufbesserte, angeboten, einen Tutor für Philosophie am University College zu vertreten, der für ein Jahr nach Amerika gehen wollte. Diese Anstellung brachte ihm dringend benötigte zweihundert Pfund ein.

Jack bewarb sich noch mehrmals um eine Fellowship in Philosophie, aber er blieb erfolglos. Dann, im Frühjahr 1925, bewarb er sich um die Fellowship für englische Sprache und Literatur am Magdalen College; »...aber ich habe keine große Hoffnung«, schrieb er seinem Vater, »denn es haben sich, glaube ich, viele Ältere gemeldet.« Doch er wurde zu einem Essen und zu verschiedenen Gesprächen eingeladen und am 20. Mai, bei einem Honorar von jährlich fünfhundert Pfund, an die Stelle gewählt.

»Präsident und Fellows des Magdalen College«, meldete die *Times* zwei Tage später, »haben Mr. Clive Staples Lewis, MA (University College), ab 25. Juni für die Dauer von 5 Jahren als Tutor für englische Sprache und Literatur gewählt und zum offiziellen Fellow des Colleges ernannt.«

Jack schrieb seinem Vater die freudige Nachricht in einem so überschwenglichen Ton, als gäbe es zwischen ihnen keinerlei Entfremdung: »Laß mich Dir vorerst aus tiefstem Herzen für die reichliche Unterstützung danken, die Du mir über sechs Jahre lang gewährt hast und die allein es mir ermöglicht hat, bis hierhin auszuharren. Du hast nicht nur gewartet, ohne Dich zu beklagen, sondern mich immer wieder ermutigt, als eine Türe nach der anderen vor mir zuging und das Ziel in weiteste Ferne gerückt war. Ich danke Dir noch einmal. Es war eine Nervenprobe, und ich habe noch kaum Zeit gefunden, mein großes Glück zu fassen und auszukosten...«

Im Oktober 1925 zog Jack im Magdalen College ein. Es sollte für die nächsten dreißig Jahre seine akademische Heimat sein.

Das folgende Jahr sah die Veröffentlichung von *Dymer*, das Arthur Quiller-Couch als »ein schönes Werk, fein im Aufbau, voll glänzender Linienführungen und Bilder« beschrieb. »...Er hat auch die Gabe, Metaphern zu gebrauchen, die Aristoteles so treffend als die Eigenart des Stils bezeichnet hat, die nicht gelehrt oder vermittelt werden kann, weil sie eine Gabe ist und ihre glücklichen Besitzer mit ihr geboren wurden.«

»Sein Blick verlor sich in des Domes Weite,
Blank glänzt die Kuppelwölbung, wie am Meer
Gestein im seichten, klaren Wasser glänzt.
Die Seitenschiffe kreuzten, gleich wie Wälder
Aus weißem Stein, hoch oben ihre Arme,
Und Säulenreihen zogen seinen Blick
Von Stamm zu Stamm in dämmerlose Tiefe,
Unendlich fort, bis er des Schauens müde.
Von dort kam auch das Licht.«

Auch in den Jahren nach dem Krieg las Jack ausgiebig, und in seinen regelmäßigen Briefen an Arthur Greeves spricht er viel über die verschiedensten Schriftsteller; darunter Anthony Trollope, Algernon Blackwood, Sir Walter Scott, Thomas Carlyle, George Meredith, Ralph Waldo Emerson und A.E. Housman, dessen *A Shropshire Lad* er »zum hundertsten Mal« las und als »vollkommen und lebensgefährlich« bezeichnete. »Die Schönheit der Gorgonen...« Er las auch Chestertons *The Everlasting Man* und kam zum Schluß, daß der Mann, der dieses Buch schrieb, »mehr Vernunft habe als alle anderen – abgesehen von seinem Christentum«.

In Oxford schloß Jack etliche neue Freundschaften, und, wie es seine Art war, stürzte er sich mit ganzer Kraft darauf, an diesen Beziehungen zu arbeiten. »Ich verstehe nicht recht«, sagte er einmal, »was einer davon hat, wenn er mehr Leute kennenlernen will, als er sich zu echten Freunden machen kann.«

Einer dieser ersten echten Freunde war Owen Barfield. »In gewissem Sinne«, schrieb Jack später, »sind Arthur und Barfield die Prototypen des ersten und zweiten Freundes eines jeden Mannes. Der erste ist das *alter ego*, der Mensch, an dem einem zum ersten Mal aufgeht, daß man nicht allein auf der Welt ist, weil er (mehr, als man hoffen kann) die geheimsten Freuden mit einem teilt... Das Ich und das Du fließen ineinander wie Regentropfen auf einer Fensterscheibe. Der zweite Freund hingegen ist der Mensch, der in allem anderer Meinung ist als man selbst. Er ist kein *alter ego*, sondern vielmehr das Anti-Ich... Er hat all die richtigen Bücher gelesen, aber aus jedem das Falsche entnommen. Es ist, als ob er deine Sprache spräche, aber mit falschem Akzent. Wie kann er nur so beinahe recht und dennoch ausnahmslos nicht recht haben? Er ist genauso faszinierend (und zum Verrücktwerden) wie eine Frau...«

Was an Jacks Freundeswahl auffällt, ist, daß er sich offenbar stark zu Menschen hingezogen fühlte, die sich mit Gott und dem Glauben – genau den Themen, von denen er eigentlich nichts wissen wollte – entweder schon beschäftigten oder noch damit zu tun bekommen sollten. Arthur war schon Christ, als Lewis ihn kennenlernte, und Jacks neuer Freund, Owen Barfield, nahm innerhalb von drei Jahren nach ihrer ersten Begegnung die Anthroposophie, die theosophische Lehre Rudolf Steiners, an. »Natürlich«, schrieb Jack in *Überrascht von Freude*, »war das alles barer Unsinn. Es bestand keine Gefahr, daß ich mich davon fangen ließ. Aber dann kam die Einsamkeit, das Gefühl, verlassen zu sein... Barfields Bekehrung zur Anthroposophie kennzeichnet den Beginn dessen, was ich als den Großen Krieg zwischen ihm und mir bezeichnen kann... und dieser Große Krieg war einer der Wendepunkte meines Lebens.«

Es gab noch mehr Freunde, die Unruhe in Jacks wohlgeordnetes atheistisches Weltbild bringen sollten: Der nächste war Nevill Coghill (später Professor für Englische Literatur in Oxford und Autor der vielgelesenen Übertragung der *Canterbury Tales* in modernes Englisch), der sich, »obwohl er der bei weitem Intelligenteste und Bestinformierte in der Klasse war, als Christ und durch und durch an Übernatürliches Glaubender« entpuppte.

Auf diesen Lebensabschnitt zurückblickend, schrieb Jack humorvoll: »Und so köderte der Große Angler seinen Fisch, und es wäre mir nicht im Traum in den Sinn gekommen, daß der Haken schon in meiner Zunge steckte.«

Dann kam Hugo Dyson, Dozent für Englisch an der Universität von Reading und häufiger Besucher in Oxford, und J.R.R. Tolkien, der 1925 als Professor für Angelsächsisch nach Oxford gewählt wurde (und später als Autor von *Der kleine Hobbit* und *Der Herr der Ringe* weltweiten Ruhm erlangte). Beide, Dyson und Tolkien, waren Christen, der letztere Katholik.

Jacks Freundschaften waren, wie viele der Bücher, die er gelesen hatte, für einen arglosen Atheisten voller Fallen. »Alle meine Figuren auf dem Schachbrett«, sollte er später schreiben, »standen äußerst ungünstig. Bald konnte ich nicht einmal mehr der Illusion frönen, die Initiative läge bei mir. Mein Gegner begann seine entscheidenden Züge zu machen.«

Jack fing an, seine Gefühle über die *Freude* neu zu überdenken. Über seine ersten Kindheitserlebnisse mit dieser Regung hat er später einmal geschrieben: »Es ist eine ungestillte Sehnsucht, und man sehnt sich mehr danach, sie zu haben, als sie gestillt zu bekommen.« Es war, so hatte er erfahren, eine sehr flüchtige Sehnsucht – kaum erkannt, war sie bereits entschwunden und hinterließ nichts als den Wunsch, sie noch einmal zu erleben.

Das hatte ihn damals zu der Annahme geführt, was er begehre, sei die *Freude* selbst. Doch nun kam er zu dem Schluß, daß dies ein Irrtum war: »...Der Wert lag allein in dem, was die Freude begehrte... Ich fragte noch nicht: ›Wer ist es, den ich begehre?‹« Jack begann zu erleben, was Augustinus sechzehnhundert Jahre früher erfahren hatte, als er schrieb: »Noch liebte ich nicht, doch ich sehnte mich, zu lieben, und liebedurstig im tiefsten Herzen haßte ich mich selbst, weil ich so wenig liebedurstig war...«

Nach und nach, beinahe unmerklich, wurde Jack ein anderer Mensch – oder eher, wurde er wirklich Mensch: »Mir war, als sei ich ein Schneemann, der endlich zu schmelzen anfing. Das

Schmelzen begann in meinem Rücken – tropf, tropf – und dann platsch, platsch. Ein scheußliches Gefühl...«

Endlich kam Jack zu dem Schluß, daß Gott existierte und daß nun »die totale Kapitulation, der absolute Sprung ins Dunkel gefordert war. Die Wirklichkeit, mit der sich kein Vertrag schließen läßt, war über mich gekommen. Die Forderung lautete nicht einmal: ›Alles oder nichts!‹... Jetzt lautete die Forderung nur: ›Alles!‹«

Und damit machte Jacks Gegenspieler seinen Endzug. Das Kapitel in *Überrascht von Freude*, in dem Jack diesen Zug beschreibt, trägt die Überschrift: »Schachmatt«...

»Man muß sich mich allein in jenem Zimmer in Magdalen vorstellen. Nacht für Nacht, wo ich, sobald sich mein Geist für eine Sekunde von der Arbeit wandte, das stete, unerbittliche Nahen dessen spürte, dem nicht zu begegnen ich mir so ernstlich gewünscht hatte. Das, was ich so sehr gefürchtet hatte, war schließlich über mich gekommen...«

Andernorts hat Jack über diese Konfrontation geschrieben: »Es kommt der Augenblick, da Kinder beim Räuberspielen plötzlich zusammenzucken: Waren das nicht *wirkliche* Schritte im Flur? Es kommt der Augenblick, da Menschen, die in der Religion herumgeplätschert haben – des Menschen Suche nach Gott –, sich plötzlich zurückziehen. Angenommen, wir haben ihn wirklich gefunden? Dazu wollten wir es doch nicht kommen lassen. Schlimmer noch: Angenommen, er hat uns gefunden?«

Im Sommertrimester 1929 »kapitulierte« Jack und »gab zu, daß Gott Gott war, und ging in die Knie und betete: In dieser Nacht vielleicht der verwerflichste und widerwilligste Bekehrte in ganz England...«

Damit hatte sich Jack aber erst zum Theismus, nicht zum Christentum, bekehrt: »Ich wußte noch nichts von der Menschwerdung. Der Gott, dem ich mich ergab, war ganz und gar nichtmenschlich.« Die Entwicklung, die ihn dazu führte, die Göttlichkeit Christi anzuerkennen, dauerte noch weitere zwei Jahre und bedurfte der Mitwirkung zweier seiner Oxforder Freunde.

Im September 1931 schrieb Jack an Arthur, er habe eine lange Unterredung mit Hugo Dyson (der bei einem Aufenthalt im

Magdalen College Jacks Gast war) und J.R.R. Tolkien gehabt. Das Gespräch, das bis vier Uhr morgens dauerte, begann mit »Metapher und Mythos«, ehe es auf das Christentum kam. Es war — so Jack — »ein gutes, langes, befriedigendes Gespräch, in dem ich eine Menge gelernt habe«. Auch in den folgenden beiden Briefen an Arthur ging es um diese entscheidende Unterhaltung.

»Dyson und Tolkien haben mir gezeigt«, schrieb er, »daß ich mich, wenn mir der Gedanke des Opfertods in einer heidnischen Geschichte begegnet, nicht im geringsten daran stoße; ferner, daß mich die Vorstellung von einem Gott, der sich sich selbst opfert, geheimnisvoll berührt und anspricht; ferner, daß mich die Vorstellung von einem Gott, der stirbt und wieder lebendig wird, ebenso bewegt, vorausgesetzt, ich begegne ihr *woanders* als in den Evangelien.«

Mit Tolkiens Hilfe begann Jack, die Beziehung des Christentums zu den Mythen, die ihm schon immer lieb gewesen waren, zu verstehen, begann er zu glauben, daß »die Geschichte von Christus ganz einfach ein wahrer Mythos« sei, »ein Mythos, der auf uns ebenso wirkt wie die anderen Mythen, nur mit dem gewaltigen Unterschied, *daß er wirklich geschehen ist*; und es bleibt einem nichts anderes übrig, als ihn genau so anzunehmen wie sie, nur muß man daran denken, daß er Gottes Mythos ist, während die anderen Menschenmythen sind; das heißt, in den heidnischen Geschichten gibt sich Gott durch die Vorstellungen von Dichtern zu erkennen, indem er Bilder benutzt, die er in ihrer Seele vorfindet, während er sich im Christentum durch das zu erkennen gibt, was man ›Realität‹ nennt.«

Etliche Jahre später sollte Tolkien diesen Gedanken in seinem Essay *On Fairy Stories* (Über Märchen) erläutern, wo er den »Trost des guten Ausgangs« als deren besonderes Merkmal bezeichnet. Tolkien nannte dieses Merkmal die *eucatastrophe* (den »guten Schluß«).

»...Die Geburt Christi«, schrieb er, » ist die *eucatastrophe* der Geschichte von der Menschwerdung. Der Anfang und das Ende dieser Geschichte ist *Freude*... Es gibt auf der ganzen Welt keine Geschichte, die die Menschen eher als wahr empfinden könnten, und keine, die von so vielen Skeptikern um ihrer selbst willen als wahr angenommen worden ist... Sie abzulehnen, führt entweder zu Traurigkeit oder zum Zorn.«

Das war der etwas komplizierte Prozeß, durch den Jack zum Glauben an Christus fand. »Ich weiß sehr wohl, wann – aber kaum, wie ich den letzten Schritt tat«, sollte er in seiner Autobiographie schreiben. Es geschah an einem strahlend sonnigen Morgen im Jahr 1931; Warnie und Jack fuhren zum Zoo in Whipsnade, Jack im Seitenwagen von Warnies Motorrad.

»Als wir losfuhren«, erinnerte sich Jack, »glaubte ich nicht, daß Jesus Christus Gottes Sohn ist, und als wir den Zoo erreichten, glaubte ich es. Aber ich hatte während der ganzen Fahrt nicht nachgedacht, noch war ich in starker Erregung gewesen... Es war mehr, wie wenn ein Mensch, der nach langem Schlaf noch reglos im Bett liegt, merkt, daß er wach ist...«

Fünfunddreißig Jahre später schrieb Warnie in der Erinnerung an diesen Tag über Jacks Bekehrung: Sie war »nicht wie ein Kopfsprung in ein neues Leben, sondern eher wie eine stetig fortschreitende Genesung von einer tiefsitzenden, langjährigen geistlichen Krankheit – einer Krankheit, deren Anfänge in die Kindheit zurückgingen, auf die halbpolitischen Gottesdienste von Ulster, wo uns vom Glauben nur die trockenen Schalen vorgesetzt wurden, auf die ebenso geistlose Leere des obligatorischen Religionsunterrichts während unserer Schulzeit...«

In einem von Jacks Briefen an Arthur Greeves heißt es: »Ich bin soeben vom Glauben an Gott zum endgültigen Glauben an Christus – ans Christentum – übergegangen.«

Viele Jahre später hat Lewis in seinem posthum veröffentlichten Buch *Du fragst mich, wie ich bete* geschrieben: »Die Gegenwart Gottes können wir zwar mißachten, ihr aber nirgends entgehen. Überall wandert er *incognito*. Und sein *Incognito* ist nicht immer schwer zu lüften. Wirklich Mühe kostet es eigentlich nur, daran zu denken, aufzumerken. Ja, aufzuwachen...«

Er sprach aus Erfahrung. 1931 war Jack Lewis zum ersten Mal in seinem Leben wach geworden.

Der Moralist mittleren Alters

Die Zeit: der 1. Februar 1942. Der Ort: ein kleines BBC-Radio-studio im Broadcasting House, London. Auf einem mit grünem Fries bedeckten Tisch steht ein unförmiges Mikrophon. Die lautlose Uhr an der Wand zeigt auf kurz vor 16.45 Uhr. Vor dem Mikrophon sitzt ein großer, untersetzter Mann in einem ziemlich zerknitterten Anzug. Das Haar auf seinem ovalen Kopf beginnt sich zu lichten, er trägt eine runde Brille, sein rötliches Gesicht hat einen offenen, ehrlichen Ausdruck. Wer ihn zum ersten Mal sieht, ist einigermaßen erstaunt über sein Äußeres: Er gleicht eher einem Bauern als einem berühmten Gelehrten.

Unaufhaltsam rückt der Minutenzeiger auf Viertel vor fünf. Das rote Studiolicht ist eingeschaltet. Der BBC-Sprecher kündigt den Hörern an, daß in ein paar Augenblicken Mr. C.S. Lewis den dritten von fünf Vorträgen zum Thema »Was Christen glauben« beginnen wird. Dann leuchtet das grüne Startlicht auf, und der Mann am Mikrophon fängt an zu reden.

Während der nächsten Viertelstunde dröhnt im Lautsprecher seine Stimme, diese Stimme, von der einmal jemand gesagt hat, sie töne wie eine Kanonade auf hoher See. Er attackiert den Äther, bombardiert den Hörer mit seinen Gedanken und Vorstellungen:

»…Da taucht plötzlich ein Mann auf, der redet, als wäre er Gott. Er behauptet, er könne Sünden vergeben. Er sagt, er sei von Ewigkeit an gewesen. Er sagt, er werde am Ende der Zeiten kommen, um die Welt zu richten. Überlegen wir einmal, was das heißt… Ich möchte damit jedermann vor dem wirklich dummen Einwand bewahren, den wir so oft hören: ›Als großen Morallehrer will ich Jesus anerkennen, nicht aber seinen Anspruch, Gott zu sein.‹ Denn gerade das können wir nicht sagen. Ein Mensch, der bloß ein Mensch wäre und solche Dinge sagen würde, wie Jesus sie gesagt hat, wäre *kein* großer Morallehrer. Er wäre entweder ein Geisteskranker – auf der gleichen Stufe wie der Mann, der von sich behauptet, er sei ein ›verlorenes Ei‹ –, oder er wäre der Satan in Person.

Sie müssen sich entscheiden: Entweder war – und ist – dieser Mensch Gottes Sohn; oder er war ein Verrückter oder Schlimmeres. Sie können ihn als Geisteskranken einsperren, Sie können ihn verachten oder als Dämon töten; oder Sie können ihm zu Füßen fallen und ihn Herr und Gott nennen. Aber kommen Sie mir nicht mit diesem gönnerhaften Unsinn, er sei ein großer Lehrer der Menschheit gewesen. Diese Möglichkeit hat er uns nicht offengelassen. Das war nicht seine Absicht.«

Diese Rundfunksendungen und die drei Bücher, die daraus entstanden (und schließlich zu dem Buch *Mere Christianity*, dt. *Pardon, ich bin Christ*, zusammengefaßt wurden), waren das unmittelbare Ergebnis der geistlichen Auseinandersetzung von 1929, die Jack mit dem Bekenntnis, daß »Gott Gott war«, auf die Knie gebracht hatte.

Das gleiche Jahr, das den Anfang von Jacks Glaubensleben sah, setzte auch in seinem bisherigen Leben einen Schlußpunkt. Am 24. September 1929 starb Albert Lewis im Alter von sechsundsechzig Jahren an Krebs. Jack war, trotz der Spannungen, die zwischen ihm und seinem Vater bestanden hatten, über seinen Tod tief betrübt; er schrieb an Warnie, der damals bei der Armee in Schanghai, China, diente: »Ich habe die Leute, die über Verstorbene so anders reden als über dieselben Menschen zu ihren Lebzeiten, bislang immer für Sentimentalisten und Heuchler gehalten. Nun merkt man plötzlich, daß das ganz natürlich ist...«

In einem von mehreren langen, traurigen Briefen an seinen Bruder schrieb Jack damals über ihrer beider Gefühle für ihren Vater: »Wie er den Raum füllte. Wie schwer es war, sich darüber Rechenschaft zu geben, daß er körperlich gar nicht so groß war. Unsere ganze Welt gibt, direkt oder indirekt, Zeugnis von der gleichen Wirklichkeit... Wie gerne wir nach Little Lea gingen und wie wir es doch haßten, und wie gerne wir es haßten; wie Du sagst, es ist nicht zu fassen, daß *das* vorbei ist.«

Mit dem Tod seines Vaters wurde Jacks Bindung an Mrs. Moore noch enger. 1930 kaufte er ein langes, niedriges, recht häßliches Haus in der Oxforder Vorstadt Headington Quarry. Es hieß »The Kilns« (die Brennöfen), weil auf dem Grundstück eine paar alte, einst zum Ziegelbrennen benutzte Öfen standen.

Im Oktober hielten Jack, Mrs. Moore und Maureen dort Einzug. Zwei Jahre später, nach seinem Abschied bei der Armee, zog auch Warnie zu ihnen. Er nutzte seinen Ruhestand, um sich intensiv mit der französischen Geschichte des 17. Jahrhunderts zu befassen – ein Thema, über das er auch mehrere Bücher schrieb – und gehörte bald ganz zu Jacks Oxforder Kreis. Für die nächsten dreiunddreißig Jahre war »The Kilns« Jacks Heim; Warnie blieb bis zu seinem Tod im Jahre 1973 dort wohnen.

Jack fand in »The Kilns« eine neue Erfüllung; er schrieb an Arthur Greeves, er hätte ein Gefühl des »Zu-Hause-Seins« und der »Zugehörigkeit« entdeckt, ein Gefühl, Teil dieses ländlichen England zu sein. Es sei fast, sagte er, als ob er »mit dem Boden verwüchse«.

Auch in sein Oxforder Leben wuchs er hinein – er schrieb unermüdlich, las viel und pflegte seine vielen Freundschaften (die ihm nach seiner Bekehrung noch wichtiger wurden). Seine akademischen Pflichten erfüllte er mit begeisterter Hingabe, und wenn seine Studenten besonders gescheit oder empfänglich waren, konnten seine Beratungen das Niveau einer intellektuellen Partnerschaft annehmen – wobei er allerdings immer unbestreitbar der Führende blieb.

Manche empfanden ihn als hochtrabend und meinten, für den Durchschnittsstudenten hätte er kaum mehr übrig als Geringschätzung; andere fanden seine Stunden instruktiv und stimulierend und waren überglücklich, wenn sie zu einer der Zusammenkünfte nach dem Abendessen eingeladen wurden, wo man sich frei und ungezwungen mit ihm unterhalten konnte.

Jack wurde zu einem »Original«, dem gegenüber niemand gleichgültig bleiben konnte. Er wurde glühend geliebt und – seltener – ebenso glühend gehaßt. Aber er wurde durchwegs geachtet – selbst von seinen leidenschaftlichen Gegnern.

Für Unwesentliches hatte Jack wenig Zeit: Er machte sich nichts aus Besitz (nicht einmal den Besitz von Büchern, die er sich nie kaufte, wenn er sie ausleihen konnte), noch legte er Wert auf sein Äußeres – seine Anzüge hatten es stets nötig, geflickt und gebügelt zu werden, und sein zerbeulter Filzhut war geradezu ein Wahrzeichen von Oxford.

Vielleicht weil er dem Tod schon ins Auge geschaut hatte, war ihm das Leben ein äußerst wertvolles Gut, das man nie verschwenden, immer als flüchtig und darum kostbar betrachten sollte. Zeit war Leben. Das Tempo, in dem er seine Vorlesungen hielt – die, ungleich denen vieler seiner Kollegen, stets überfüllt waren –, war atemberaubend.

Oft fing er schon auf der Treppe oder im Gang vor dem Hörsaal mit seiner dröhnenden Stimme (und den stark gerollten »R«s) zu reden an. Wenn er eintrat, lieh er sich von einem Studenten eine Uhr, sprach nach einem sorgfältig geschriebenen Text – mit vielen Exkursen – genau fünfundvierzig Minuten, schob, noch ehe er fertig war, die Blätter zusammen und strebte schließlich zum Hörsaal hinaus, ohne auf Fragen zu warten.

Von seinen Vorlesungen während dieser Jahre machten diejenigen über die mittelalterliche Tradition der allegorischen Liebeslyrik am meisten von sich reden. In ihnen untersuchte er, wie Dichter, etwa Spenser in *The Faerie Queene* und Guillaume de Lorris in *The Romance of the Rose*, das Bild der »höfischen Liebe« benutzten. Trotz aller akademischen Voraussetzungen, die er für einen solchen Stoff mitbrachte, war es doch ein recht erstaunliches Thema für einen Junggesellen, der dem Gefühl, das man Liebe nennt, so beharrlich ausgewichen war und sich, abgesehen von ein paar kleinen Episoden in seiner Jugend, noch nie ernsthaft mit einer Frau eingelassen hatte.

Wie dem auch sei, in seinen Vorlesungen über *The Romance of the Rose* – eine Allegorie über einen Liebenden, der die Geliebte seiner Träume in einem wunderschönen und geheimnisvoll ummauerten Garten sucht – sprach Jack mit einer Gefühlstiefe, in der vielleicht gerade sein eigenes Unerfülltsein zum Ausdruck kam.

»Der Träumer kommt auf seiner Wanderung zu einem Brunnen... Das Gras um ihn herum ist dicht und saftig, im Sommer wie im Winter. Auf dem Grunde des Brunnens liegen zwei Kristalle, in denen sich der ganze Garten spiegelt. Das ist der gefährliche Spiegel und der Brunnquell der Liebe... Kaum schaut er in die Kristalle, da erblickt er in ihnen, nicht weit entfernt, einen

Rosengarten, und eine der Knospen ist noch nicht geöffnet. Da wird er von Sehnsucht nach dieser Knospe erfüllt, und er wendet sich von dem Spiegelbild ab, steht auf und geht zum Rosengarten, um die Knospe selbst zu pflücken... Die Rose ist natürlich die Geliebte...

Beschreibungen des Sich-Verliebens sind oft etwas vom Banalsten in der Dichtung; doch Guillaume vermittelt uns, so scheint mir, mit seinen Kristallen und seiner Quelle etwas davon, wie Augen (und Spiegel) wirklich verzaubert sein können, denn diesen Zauber gibt es – allerdings nicht in irgendeinem Lehrgang der Dichtkunst, sondern in der menschlichen Seele.«

Es ist jedoch bezeichnend, daß Jack das Buch *The Allegory of Love*, in dem er 1936 diese Vorlesungen veröffentlichte, einem männlichen Freund widmete: »Owen Barfield, dem klügsten und besten meiner inoffiziellen Lehrer.«

Freunde – insbesondere Owen Barfield, Nevill Coghill, A.C. Harwood, Hugo Dyson und J.R.R. Tolkien – waren Jack wichtig; sie waren ihm Gefährten, Publikum, Quelle geistiger Anregung und, ohne Zweifel, auch Fluchtweg aus dem weiblich dominierten Leben in »The Kilns«.

Mit manchem dieser Freunde unternahm er an freien Tagen Spaziergänge oder Ausflüge, und oft trafen sie sich in einem Pub oder in den Räumen des einen oder anderen, um sich bei Bier und Pfeifenrauch in weitschweifige Fachsimpeleien über Philosophie, Religion, Sprache und Literatur zu vertiefen.

Dieser engagierte Kreis intelligenter Männer war es auch, der später den Kern jenes zwanglosen, als »The Inklings« bekannt gewordenen Klubs bildete, welcher seinerseits aus der Freundschaft zwischen Jack und Tolkien hervorging.

Die beiden waren sich um 1927 zum ersten Mal begegnet, als Jack die Zusammenkünfte eines anderen Klubs zu besuchen begann, den Tolkien im Jahr zuvor gegründet hatte. Die sogenannten »Coalbiters« (Kohlenbeißer) trafen sich, um zusammen isländische Literatur (in der Originalsprache) zu lesen. Den Namen hatten sie vom isländischen »Kolbitar« abgeleitet, was soviel bedeutete wie »Männer, die so nahe beim Feuer liegen, daß sie fast die Kohlen essen können«.

Obwohl Jack nicht altisländisch konnte, war er begeistertes

Mitglied der »Coalbiters«, gehörten doch die Werke, die sie lasen, zu der Literaturgattung, die er schon lange liebte. In diesen Mythen und Sagen rührte ihn einmal mehr die Freude an – »kalt, weit, karg, abgeschieden...«

Jack und Tolkien trafen sich bald regelmäßig jeden Dienstagmorgen, und es entstand eine herzliche Freundschaft zwischen ihnen, die für sie beide in ihren vielfältigen literarischen Bestrebungen eine Quelle der gegenseitigen Ermutigung wurde. Für Tolkien, dem eine schwierige Ehe und eine große Familie mancherlei Probleme brachte, bedeutete sie besonders viel. »Die Freundschaft mit Lewis«, schrieb er einmal in sein Tagebuch, »entschädigt mich für vieles.«

Mitte der dreißiger Jahre traten Jack und Tolkien einem Literaturkreis bei, den ein Student des University College gegründet hatte. Seine Mitglieder trafen sich zu gegenseitigem Vorlesen aus ihren Werken und nannten sich »The Inklings« – nach einem gleichlautenden Wort, das soviel wie »Andeutung«, »vages Gerücht« oder »Fingerzeig« bedeutet, aber auch von »Tinte« (engl. »ink«) abgeleitet sein könnte, vielleicht verbunden mit einem Anklang an die Tintenbuben im *Struwwelpeter*, die zur Strafe für ihr schlechtes Benehmen in ein riesiges Tintenfaß getaucht wurden. »Es war«, sagte Tolkien, »in seiner Weise ein vergnüglich geistreiches Wortspiel, das einen an Leute mit verschwommenen, halbformulierten Ideen und Aussagen, aber auch an solche, die mit Tinte herumklecksen, denken ließ.«

Diese Vereinigung lebte nicht lange, doch als sie sich auflöste, übernahm Jack den Namen und begann, ihn auf die eigenen Zusammenkünfte anzuwenden. Die »Inklings« trafen sich zweimal wöchentlich; am Dienstagvormittag im Wirtshaus »Eagle and Child« (Adler und Kind), das sie unter sich allerdings nur »Bird and Baby« nannten, in St. Giles bei Oxford; am Donnerstagabend in Lewis' Räumen im Magdalen College – die den meisten Leuten als ziemlich schäbig und sehr kalt, dafür aber mit Aussicht auf den berühmten Rotwildpark, in Erinnerung sind.

Anfangs bestanden die »Inklings« aus Jack, Tolkien und ihrem unmittelbaren akademischen Freundeskreis sowie Warnie; dazu Lewis' Arzt, Humphrey Harvard, und Kapitän Jim Dundas-Grant, der während des Krieges die Marineabteilung der Oxforder Universität unter sich gehabt hatte.

1939, kurz bevor die »Inklings«-Treffen ihren Höhepunkt erreichten, stieß Charles Williams dazu, der bei der Oxford University Press arbeitete und ein sehr produktiver Dichter, Kritiker, Schriftsteller und Theologe war. *War in Heaven, The Place of the Lion, Descent into Hell* und *All Hallow's Eve* sind einige von Williams' Büchern – seltsame, supranaturalistische Romane, die er als seine »geistlichen Schocker« bezeichnete.

Diese religiösen Phantasien hatten in der Folge einen starken Einfluß auf Jacks eigenes Schaffen, und seine Verbundenheit mit Williams erreichte eine Tiefe, die seine früheren Freundschaften – einschließlich der Freundschaft mit Tolkien – nahezu in den Schatten stellte.

Nach und nach stießen noch andere zu den »Inklings«, unter ihnen Adam Fox, Dekan der theologischen Fakultät am Magdalen College, Colin Hardie, Tutor für Klassik am Balliol und später am Magdalen College, und etliche Jüngere (manche davon ehemalige Studenten von Jack), etwa Gervase Matthew, George Sayer, Lord David Cecil, Peter Bayley, Christopher Tolkien und John Wain, der rückblickend diese Zusammenkünfte einmal lebhaft geschildert hat:

»Ich sehe das Zimmer heute noch deutlich vor mir: den elektrischen Ofen, der Wärme in die feuchtkalte Luft pumpte, den verblichenen Wandschirm, der den ärgsten Durchzug wenigstens etwas abhielt, den Steingutbierkrug auf dem Tisch, das Sofa und die Lehnstühle mit ihren abgewetzten Bezügen und die hereinströmenden Männer (die aus den entfernter gelegenen Colleges kamen etwas später), wie sie in irgendeiner Ecke ihre Überzieher und Hüte ablegten und, ehe sie sich nach einer Sitzgelegenheit umsahen, herüberkamen, um sich die Hände zu wärmen. Es gab keine steife Förmlichkeit, die einfache Begrüßung und Vorstellung der Gäste geschah teils durch Lewis, teils durch seinen Bruder W.H. Lewis, der mir als der höflichste Mann, dem ich je begegnete, in Erinnerung bleiben wird. Er war nicht einfach höflich, sondern von einer herzlichen, selbstvergessenen Aufmerksamkeit, die ihm so selbstverständlich war wie das Atmen. Manchmal, wenn die weniger lebhaften Besucher überwogen, konnte es sein, daß so ein Abend ein Mißerfolg wurde; aber die besten waren schlicht unüberbietbar...«

Bei diesen Zusammenkünften lasen Jack, Charles Williams und die übrigen »Inklings« einander aus den Büchern vor, an denen sie gerade schrieben, und als ihnen J.R.R. Tolkien Woche für Woche die neuesten Kapitel seines phantastischen Romans *Lord of the Rings* (dt. *Der Herr der Ringe*) vorlas, muß dies wohl die beste Fortsetzungsgeschichte gewesen sein, die sie je gehört hatten. »Es war«, sagte Jack, »wie ein Blitz aus heiterem Himmel...«

Den Anfang des *Beowulf* parodierend, schrieb Tolkien: »Hwaet! we Inclinga, on aerdagum searopancolra synttru gehierdon...« – »Siehe! Wir haben in alter Zeit von der Weisheit der alten Inklings gehört; wie diese Weisen zu ihren Beratungen zusammensaßen, gewandt Lehren und Sangeskunst vortragend, ernsthaft nachsinnend. Es war eine wahre Freude!«

Es ist unmöglich, in ein paar kurzen Abschnitten das eigentliche Wesen dieser Freude, die Tiefe und Breite dieser Weisheit, den Geist und den Einfallsreichtum dieser Sangeskunst zu vermitteln, und wer mehr über diese einzigartige literarische Gruppe wissen möchte, muß Humphrey Carpenters ausgezeichnete Bücher *J.R.R. Tolkien: eine Biographie* und *The Inklings: C.S. Lewis, J.R.R. Tolkien, Charles Williams and their friends* lesen.

1933, zwei Jahre nach seiner Bekehrung zum Christentum, schrieb Jack sein erstes religiöses Buch, *The Pilgrim's Regress* (dt. *Flucht aus Puritanien*). In leichter Anlehnung an die von Bunyan in der *Pilgerreise* verwendete Vorstellung einer geistlichen Wanderschaft ist diese Allegorie ein teilweise autobiographischer Bericht über seine eigene Suche nach Gott.

Hans, der junge Puritanier, macht sich auf eine lange Reise, auf der er mancherlei Gestalten begegnet – so den Fortschrittlichen und Bestial, Herrn Bonsens und Herrn Humanist, Herrn Aufgeklärt und Mutter Chiesa – und auch etwas über die Lebensweise an den verschiedenen Orten erfährt, an denen er vorbeikommt, etwa dem Tal der Demut und den Städten Rauschhausen und Dünkeldorf.

In einem Brief an Arthur Greeves, dem er das Buch widmete, erklärte Jack, was ihm beim Schreiben der *Flucht aus Puritanien* vorschwebte: »Ich bemühte mich vor allem darum, ungekünstelt und lebensnah zu sein – in Anlehnung an Malory, Bunyan und Morris, wenn auch ohne Archaismen –, und es ist mir meistens lieber, zehn Wörter zu gebrauchen, wenn sie nur ehrlich und eigen und idiomatisch echt sind, als ein einziges ›literarisches‹ Wort.«

Klarheit der Gedanken und ihre deutliche Übermittlung waren Jack beim Schreiben stets oberstes Anliegen, und wenn er auch später noch viele gute apologetische Bücher im herkömmlichen Stil schrieb – *Über den Schmerz*, *Wunder* und die verschiedenen Radioansprachen –, so blieb ihm doch die allegorische Form, die er in der *Flucht aus Puritanien* ausprobiert hatte, eine der liebsten Arten, Ideen und Überzeugungen mitzuteilen.

1939 veröffentlichte Jack den ersten von drei Weltraum-Romanen, *Out of the Silent Planet* (dt. *Jenseits des Schweigenden Sterns*). Diese Weltraumgeschichten sind, wie jene, die er als Junge schrieb, stark von den Werken H.G. Wells' beeinflußt, in ihrer allegorischen Bedeutung sind sie jedoch eigenständig. Die meisten der üblichen Science-fiction-Geschichten entsprachen, als Jack erwachsen war, durchaus nicht mehr seinem Geschmack, und die romantischen Phantasien von Schriftstellern wie David Lindsay, Ray Bradbury, E.R. Eddison, Mervyn Peake und Tolkien waren ihm sehr viel lieber als die Werke gesellschaftskritischer Propheten wie Huxley und Orwell oder wissenschaftlicher »Seher« wie Arthur C. Clarke.

In *Jenseits des Schweigenden Sterns* und seinen Fortsetzungen *Perelandra* und *Die böse Macht* (*That Hideous Strength*) ist ein irdischer Mensch, Dr. Ransom, ins Zentrum einer kosmischen Arena gestellt, wo der ewige Kampf zwischen Gut und Böse ausgefochten wird. Die Bücher sind reich an einzigartig gezeichneter Symbolik und doch, als echte Abenteuergeschichten, vergnüglich und spannend zu lesen.

Stella Gibbons schrieb damals, Lewis habe eine »schöne und gefährliche Welt« geschaffen, »die von Hoffnung erhellt« werde. Die Großartigkeit seiner Ideen und die überzeugende, durch und durch glaubhafte Inszenierung der Handlung machen die Ransom-Trilogie nicht nur zu einer phantasievollen, sondern auch fesselnden und aufrüttelnden Lektüre. Noch mehr, sie ist, wie Sir Hugh Walpole zum ersten Band bemerkte, »eine Art Gedicht«.

»...Soweit die Arbeit es erlaubte, versuchte er mit schnellen Seitenblicken auszumachen, was am anderen Ufer war. Sein erster Eindruck war der einer mächtigen purpurnen Masse, so riesig, daß er sie für einen mit Heidekraut bedeckten Hügel hielt... Jenseits davon waren seltsame aufrechte Gebilde von weißlichgrüner Farbe, zu zerrissen und gezackt, um Gebäude zu sein, zu dünn und steil, als daß es sich um Berge hätte handeln können. Dahinter und darüber war wieder diese rosafarbene, wolkenähnliche Masse... Ransom empfand Farbe und Form als außerordentlich schön...«

Im zweiten Band, *Perelandra*, wird das Gedicht zum Tanz, zu einem rhythmischen Spiel von Vorstellungen und Worten, dessen Ursprung und Ende Gott – oder, wie man ihn in der Venus-Welt nennt, Maledil – ist. »Wo Maledil ist«, erfährt Ransom, »da ist der Mittelpunkt... Weil wir bei Ihm sind, ist jeder von uns in der Mitte. Es ist nicht wie in einer Stadt der dunklen Welt, wo es heißt, einer müsse für alle leben. In Seiner Stadt sind alle Dinge für jeden gemacht. Als Er auf der dunklen Welt starb, da starb Er nicht für die Menschheit, sondern für jeden einzelnen Menschen. Wäre jeder Mensch der einzige Mensch gewesen, so hätte er nicht weniger getan. Jedes Ding, vom einzelnen Staubkörnchen bis zum größten Eldil, ist Ziel und letzter Grund aller Schöpfung und der Spiegel, in dem der Lichtstrahl Seines Glanzes zur Ruhe kommt und zu Ihm zurückkehrt...«

Einige von Jacks Kollegen fanden seinen Ausfall in die Science fiction eher bedauerlich und sahen darin sogar ein Anzeichen einer gewissen Unreife. Rezensenten und Kritiker dagegen hatten mit der Tatsache, daß diese erstaunlichen Bücher das Werk eines Oxforder Gelehrten waren, weit weniger Schwierigkeiten. »Frühere Schriftsteller«, sagte Marjorie Nicholson, »haben aus der Legende, aus der Mythologie, aus dem Märchen neue Welten geschaffen. Mr. Lewis hat einen Mythos als solchen hervorgebracht, gewoben aus Wünschen und Sehnsüchten, die tief in den Menschen, jedenfalls in manchen, ihre Wurzeln haben...«

Ob die Bücher eine so weite Verbreitung gefunden hätten, wenn Jack nicht plötzlich eine in der Öffentlichkeit so bekannte

Figur geworden wäre, darüber lassen sich nur Vermutungen anstellen.

»Nur der Krieg«, so meinte Alistair Cooke, »hat Lewis schlagartig ins Rampenlicht gebracht, denn in Zeiten der Unsicherheit werden sonst völlig unbedeutende Propheten in eine Karriere als Hoffnungsapostel hineingedrängt.«

Aber läßt sich diese harte Diffamierung irgendwie beweisen? Und überhaupt, war der Prophet so unbedeutend? Als 1940 *The Problem of Pain* (dt. *Über den Schmerz*) erschien, rühmte ein Kritiker, es sei »mit Klarheit und Kraft und aus viel Wissen und Erfahrung heraus« geschrieben, und niemand konnte Jack vorwerfen, er rede nur um den Brei herum:

»Wenn Gott gut wäre«, so beginnt er, »dann würde er seine Geschöpfe vollkommen glücklich machen wollen; und wenn Gott allmächtig wäre, dann könnte er das, was er wollte, auch tun. Nun aber sind die Geschöpfe nicht glücklich. Darum fehlt es Gott entweder an Güte oder an Macht oder an beidem. Das ist, auf die einfachste Formel gebracht, das Problem des Schmerzes.«

In einem hatte Alistair Cooke allerdings recht: Es war der Zweite Weltkrieg, der Jacks Namen in aller Munde brachte. Im Februar 1941 bekam er von Dr. James W. Welch, dem BBC-Direktor für religiöse Sendungen, die erste Einladung, am Radio zu reden; den Anstoß dazu hatten Dr. Welch »die Qualität des Denkens und die Tiefe der Überzeugungen« gegeben, die ihm in *Über den Schmerz* begegnet waren. Jack erklärte sich bereit, eine Reihe von Ansprachen zu halten, und sagte, er würde gerne über die Thematik von Recht und Unrecht reden. Er fügte hinzu: »Ich würde erst am Schluß auf das Christentum zu sprechen kommen, denn ich möchte nicht gleich alle Karten offen auf den Tisch legen. Irgendein Titel wie ›Die Kunst, betroffen zu sein‹ oder ›Menschliches und Allzumenschliches‹ würde mir zusagen...«

Der Titel hieß schließlich: *Recht und Unrecht – Wegweiser zum Sinn des Universums*. Die fünf zehnminütigen Ansprachen wurden im August jeden Mittwochabend um 19.45 Uhr direkt übertragen. Die Reihe war ein Riesenerfolg, und Jack wurde dank der Klarheit seines Denkens und der Unmittelbarkeit seiner Sprache bald zum regelmäßigen Rundfunk-Redner (mehr noch als J.B. Priestley und C.E.M. Joad). Er selbst pflegte von sich zu sagen, er sei nur ein Moralist mittleren Alters.

Die plötzliche Popularität hatte für Jack auch eine Kehrseite: »Ich habe einen ungeheuren Stapel Briefe von fremden Leuten erhalten«, erzählte er Arthur Greeves ein paar Monate später. »Man bekommt lustige Briefe, wenn man am Radio gesprochen hat – manche von Geisteskranken, die mit ›Jehova‹ unterschreiben oder die anfragen: ›Lieber Mr. Lewis, als ich zwanzig Jahre alt war, habe ich einen Mann geheiratet, den ich nicht liebte‹ – aber viele von ernstlich Fragenden, denen ich eine ausführliche Antwort schuldig war...« In einem Nachsatz fügte er hinzu: »Im Januar und Februar habe ich fünf weitere BBC-Ansprachen, jeweils am Sonntagnachmittag...«

Diese zweite Vortragsreihe unter dem Titel *Was Christen glauben* war eine Einführung in die Grundlagen des Christentums, in der auch die bemerkenswert begründete Theorie vorkam, daß es unmöglich sei, den Göttlichkeitsanspruch Christi abzulehnen und ihn weiterhin für einen großen Sittenlehrer zu halten. Was Alistair Cooke und andere so irritierte, war zweifellos der populäre Stil dieser Vorträge. Die Zuhörer jedoch reagierten begeistert, und die Veröffentlichungen der Sendemanuskripte verkauften sich gut.

Das Leben als Rundfunkpersönlichkeit brachte für Jack große Veränderungen mit sich: Er erhielt unzählige Einladungen zu Vorträgen und Ansprachen, darunter den Auftrag zu einer Vortragsreihe bei der englischen Luftwaffe RAF, der ihn zwang, an die verschiedenen Stützpunkte zu reisen, um zu den Soldaten über das Christentum zu sprechen. Manche seiner Freunde fanden, Jack erhalte zuviel öffentlichen Beifall: »Allzuviel«, meinte Tolkien, »für seinen und unser aller Geschmack.«

So ist es beinahe Ironie, daß Jack sein nächstes Buch ausgerechnet Tolkien widmete, denn es wurde ein enormer Bestseller und das meistgelesene all seiner Werke.

Die Idee zu diesem Buch war Jack im Jahre 1940 gekommen. In einem Brief an seinen Bruder erklärte er sie folgendermaßen: »Als der Gottesdienst aus war – es wäre zu wünschen, daß solche Dinge zu etwas gelegenerer Zeit kämen –, schoß mir die

Idee für ein Buch durch den Kopf, das, glaube ich, sowohl nützlich als auch unterhaltsam sein könnte. Es würde heißen: ›Von Teufel zu Teufel‹ und aus Briefen eines älteren pensionierten Teufels an einen jungen Teufel bestehen, der gerade mit der Arbeit an seinem ersten ›Patienten‹ begonnen hat. Mein Idee wäre, die ganze Psychologie der Versuchung von der andern Seite her gesehen darzustellen...«

The Screwtape Letters (dt. *Dienstanweisung für einen Unterteufel*), wie das Buch dann schließlich hieß, erschienen 1941 als Fortsetzungsreihe in *The Guardian* und ein Jahr später als Buch.

Der ältere Teufel ist Screwtape, Unterstaatssekretär Seiner Hochwürden Abysmal, Beamter im höllischen Staatsdienst Unseres-Vaters-in-der-Tiefe. Die Briefe sind an seinen unerfahrenen (und ziemlich unfähigen) Neffen Wormwood gerichtet.

Perfid – fast möchte man sagen: teuflisch gescheit –, sind die Briefe an Wormwood und von einem mühelosen Charme, der über die innere Not hinwegtäuscht, in die Jack beim Schreiben geriet. »Die ständige Anspannung«, schrieb er später, »hatte eine gewisse geistige Verkrampfung zur Folge. Die Welt, in die ich mich durch Screwtape hineinversetzen mußte, war voller Schmutz und Asche, voller Durst und Begier. Jede Spur von Schönheit, Frische und Wärme mußte ausgeklammert werden. Daran drohte ich fast zu ersticken, noch bevor ich fertig war.«

»Mein lieber Wormwood,

Ich habe mit größtem Mißvergnügen davon Kenntnis genommen, daß Dein Patient Christ geworden ist. Bilde Dir ja nicht ein, Du werdest der üblichen Strafe entrinnen... Inzwischen müssen wir den Tatsachen die beste Seite abzugewinnen trachten... Einer unserer besten Bundesgenossen ist gegenwärtig die Kirche selbst. Aber bitte, verstehe mich richtig! Ich meine natürlich nicht die Kirche, wie wir sie sehen: sich über Raum und Zeit erstreckend und verwurzelt in der Ewigkeit... Glücklicherweise aber ist es den Menschen verborgen. Alles, was Dein Patient sehen kann, ist ein halb vollendetes Gebäude in falscher Gotik auf einem Neubaugrundstück. Wenn er da eintritt, so begegnet ihm als erster der Metzger aus dem Eckladen seiner Nachbarschaft, der ihm mit salbungsvoller, geschäftiger Miene ein kleines, abgegriffenes Büchlein mit der Liturgie anbietet, die keiner von beiden versteht. Dazu noch ein kleines, schäbiges Bändlein mit verderbten Texten meist schlechter religiöser Verse in kleinstem Druck...«

»Ausgezeichnet!« rühmte der *Observer*, »treffend, herausfordernd, aufrüttelnd...« Charles Williams rezensierte das Buch in Form eines dämonischen Briefes, in dem ein gewisser Snigsozzle seinem Kollegen namens Scorpuscle vorschlägt, »...diesen Höllentext in unserem eigenen Abrichtungs-College als Lehrbuch zu benutzen...« und beifügt: »Schickst Du auch jemanden, der sich um Lewis kümmert – einen möglichst geschickten Teufel?«

Screwtape hatte auch Gegner, nicht nur Bewunderer, und Jahre später schrieb Jack mit einiger Belustigung an einen Freund: »Denk nur, ein amerikanisches Mädchen ist von der Schule geflogen, weil es ein Exemplar meines *Screwtape* besaß. Ich fragte den, der es mir erzählte, ob es eine kommunistische Schule gewesen sei oder eine fundamentalistische oder eine römisch-katholische und bekam zur Antwort: ›Nein, es war eine Eliteschule.‹ Das setzt einem den Kopf zurecht, nicht wahr?« Er berichtete auch vergnügt, sein Verleger habe mindestens eine Bestellung für »*The Screwed-Up Letters* von C.S. Lewis« erhalten.

Mit der Veröffentlichung der *Dienstanweisungen* war Jacks Ruhm gesichert und der Verkauf sämtlicher Bücher, die er danach noch schrieb, gewährleistet. Zwei weitere Folgen von Radioansprachen kamen als *Christian Behaviour* (*Gebrauchsanweisung für den Menschen*) und *Beyond Personality* (*Jenseits der Persönlichkeit*) heraus; und 1945 wandte sich Jack mit *The Great Divorce* (dt. *Die große Scheidung*) wieder dem Phantastischen zu, indem er schilderte, was geschehen könnte, wenn ein Bus voller Menschen aus der Hölle in den Himmel gefahren würde und sie Gelegenheit bekämen, dort zu bleiben.

In *Miracles* (dt. *Wunder*), das zwei Jahre später erschien, machte er, wie er sagte, »eine Vorstudie« über das Wesen des Wunders und kam zu dem Schluß: »Gott schüttet nicht aufs Geratewohl wie aus einem Pfefferstreuer Wunder über die Natur. Sie geschehen bei den großen Gelegenheiten: Man findet sie an den wichtigen Knotenpunkten der Geschichte – nicht der historischen oder sozialen Geschichte, sondern jener geistlichen Geschichte, die der Mensch nicht voll erkennen kann. Wenn sich Ihr Leben gerade nicht in der Nähe eines solchen Knotenpunktes vollzieht – wie sollten Sie dann Zeuge eines Wunders werden? Wären wir heldenhafte Missionare, Apostel oder Märtyrer, so wäre das etwas anderes. Aber warum grade Sie oder ich?«

Wenige Jahre später sollte Jack dennoch ein Wunder – oder etwas sehr Ähnliches – erleben, das vor seinen eigenen Augen geschah.

Als Jack mit seinen Radioansprachen begann, hatte er mit der BBC vereinbart, er werde Aussagen über seinen Glauben bis zuletzt, für eine Art Schlußattacke, zurückbehalten. Und als er schließlich verriet, daß er eigentlich die ganze Zeit über nichts anderes als über den Glauben geredet hatte, tat er das ohne alle Skrupel – obschon er einräumte, daß manche seiner Hörer sich vielleicht ärgerten, wenn sie zu guter Letzt merkten, daß das, was er ihnen, »sorgfältig als Philosophie verpackt«, vorgesetzt hatte, »einmal mehr ›nur frommes Gerede‹ war«.

Jack hatte unterdessen entdeckt, daß er »frommes Gerede« verpacken konnte, als was er wollte – sogar als Science fiction. Nicht, daß er dies immer bewußt oder vorsätzlich tat – »so könnte ich gar nicht schreiben«, sagte er einmal –, aber er hatte entdeckt, daß Phantasien und Märchen ein besonders geeignetes Medium waren, um seine Gedanken zum Ausdruck zu bringen. »Ich habe Märchen geschrieben, weil das Märchen die ideale Form für das war, was ich sagen wollte.«

Irgendwann in den späten vierziger Jahren beschloß Jack, ein Kinderbuch »nach dem Muster von E. Nesbit« zu schreiben. Es fing, wie übrigens auch seine drei Science-fiction-Romane, damit an, daß er »Bilder sah« – besonders ein Bild: »…einen mit Regenschirm und Paketen beladenen Faun in einem verschneiten Wald. Dieses Bild hatte ich mit mir herumgetragen, seit ich etwa sechzehn war. Dann, als ich um die vierzig war, sagte ich eines Tages zu mir: ›Versuch doch mal, daraus eine Geschichte zu machen.‹«

Diese Geschichte war *The Lion, the Witch and the Wardrobe* (dt. *Der König von Narnia*). Sie beginnt nicht als ausgesprochen christliche Geschichte, »dieses Element ergab sich ganz von selbst«, als »mit einem Satz Aslan hereinsprang«. Aslan, der mächtige, prächtige und zugleich furchterregende Herr der von ihm geschaffenen Welt, wurde zum Symbol für Christus und das Buch ein Gleichnis von Christi Tod und Auferstehung:

»Aslan beugte sein goldenes Haupt zu ihr herab und leckte ihr die Stirn. Die Wärme seines Atems und ein eigenartig reicher Duft, der in seinem Haar zu hängen schien, umflutete sie.

›Oh, du bist wirklich, du bist ganz, ganz wirklich! Oh, Aslan!‹ rief Lucy. und beide Mädchen umarmten ihn und bedeckten sein mächtiges Haupt mit Küssen.

›Aber was bedeutet das alles?‹ fragte Suse.

›Es bedeutet‹, sagte Aslan, ›daß die Hexe den Ur-Zauber wohl kannte; aber es gibt einen noch tieferen Zauber, und von dem wußte sie nichts. Ihr Wissen reicht bloß bis zum Anbruch der Zeit zurück. Nur wenn sie noch ein wenig dahinter hätte sehen können, in die Stille und das Dunkel vor Anbruch der Zeit, dann hätte sie dort den anderen Zauberbann erspäht. Dann hätte sie gewußt: Wenn einer, der keinen Verrat verübt hat, sich aus freien Stücken opfert und an Stelle des Verräters töten läßt, dann beginnt der Tod sich selbst rückgängig zu machen...«

»Ich meinte zu wissen«, erklärte er später, »wie solche Geschichten eine gewisse Hemmung überwinden konnten, die meinen eigenen Kinderglauben seinerzeit so sehr gelähmt hatte. Warum fiel es einem so schwer, für Gott oder die Leiden Christi die Gefühle zu haben, von denen einem gesagt wurde, daß man sie haben sollte? Ich meinte, hauptsächlich darum, weil einem gesagt wurde, daß man sie haben sollte. Die Pflicht, etwas fühlen zu sollen, läßt das Gefühl gefrieren. Sogar die Ehrfurcht schadete mehr, als sie nützte. Daß man über das ganze Thema immer nur mit gedämpfter Stimme sprach; als ob es etwas mit Krankheit zu tun hätte. Aber angenommen, man könnte diese Dinge – indem man sie in eine imaginäre Welt versetzte, ihnen alle Vorstellungen an Sonntagsschule und Kirchenfenster nähme – zum ersten Mal in ihrer ganzen, wirklichen Bedeutung sichtbar machen? Könnte man sich so nicht unbemerkt an diesen lauernden Drachen vorbeistehlen? Ich meinte, ja...«

Jacks Geschichte handelt vcn vier Kindern, die einen Zauberschrank entdecken und durch ihn hindurch einen Weg ins Land Narnia finden. Als er sie fertig hatte, zeigte er sie Tolkien, doch der war unbeeindruckt. Vielleicht hatte er das Gefühl, es sei Jack mehr darum gegangen, einen Zweck zu erreichen, als – wie er selbst in *Der Herr der Ringe* es tat – eine Andere Welt zu schaffen. Jedenfalls sagte er: »Das genügt einfach nicht, weißt du!«

Entmutigt ließ Jack das Buch eine Zeitlang liegen, ehe er sich wieder daranmachte und die ersten paar Kapitel umschrieb. Doch war er immer noch unsicher, ob es überhaupt etwas taugte oder nicht, und so beschloß er, jemand anderen um Rat zu fragen.

Roger Lancelyn Greens erste Begegnungen mit Jack gingen auf die Zeit zurück, als er in Oxford studierte und etliche von Jacks Vorlesungen besucht hatte. Unterdessen war er Zweiter Bibliothekar am Merton College und hatte gerade *Tellers of Tales* (Geschichtenerzähler), das erste seiner vielen Bücher über Kinderliteratur und ihre Autoren, veröffentlicht.

Eines Abends las Jack im Magdalen College Roger Green die ersten zwei Kapitel aus Der *König von Narnia* vor. Unvermittelt brach er ab und fragte: »Meinen Sie, es lohnt sich, weiterzumachen?« Roger bejahte die Frage ohne Zögern. »Während er vorlas«, erinnerte er sich später, »war ein Gefühl der Ehrfurcht und freudigen Erregung über mich gekommen: Nicht nur, daß es besser war als die meisten Kinderbücher, die damals herauskamen – mehr noch die Gewißheit, daß ich der ersten Lesung eines großen Klassikers zuhörte.«

Der erste Band des mit der Zeit auf sieben Narnia-Geschichten anwachsenden Zyklus erschien 1950 und war gleich ein Erfolg; nahmen doch, wie die Dichterin Kathleen Raine es ausdrückte, die Leser seine imaginäre Welt »mit einer Begeisterung auf, die zeigt, daß wir alle um eine Welt der Phantasie wissen«. Das ist erstaunlich, wenn man bedenkt, daß Jack, abgesehen von ein oder zwei Patentöchtern, wenig mit Kindern zu tun hatte und noch weniger von ihnen verstand. Die Lebensnähe seiner

Geschichten muß daher wohl seinen Erinnerungen an die eigene geheime Kinderwelt entsprungen sein, in der er einst zu Hause war.

Der König von Narnia wurde, wie die folgenden Bände, von Pauline Baynes mit einfühlsamen, äußerst ansprechenden Illustrationen ausgestattet, die so viel dazu beitrugen, Narnia zu der vollkommenen Schöpfung zu machen, die es ist. Miss Baynes, die Jack gewählt hatte, weil ihm die Illustrationen gefielen, die sie 1949 für Tolkiens *Farmer Giles of Ham* gemacht hatte, war sich, jedenfalls zu Anfang, der allegorischen Dimensionen des Buches nicht bewußt. Wieviel sagt es aus über Jack, daß er es nie für nötig hielt, sie darauf aufmerksam zu machen, und wie sehr erklärt es auch den Erfolg dieses Buches und seiner Fortsetzungen.

Jack Lewis, der Moralist mittleren Alters, war damit auf dem Gipfel seiner schöpferischen Karriere angelangt. Wie stand es aber um den Menschen hinter der äußeren Fassade der Beliebtheit und des Erfolgs?

John Wain (einer der späteren »Inklings«) erinnerte sich ein paar Monate nach Jacks Tod folgendermaßen: »Sein äußeres Selbst – lebhaft, herausfordernd, diskussionsfreudig, überschäumend von körperlicher Energie und Selbstvertrauen – verdeckte ein inneres Selbst, das so weich und wohlverborgen war wie bei einem Schalentier. Man kam einfach nicht nah an ihn heran. Zu seinem Bekanntenkreis zu gehören, war kein Problem, denn er war gesellig und maß seinen Verstand mit jedem, der ihm begegnete. Und wenn er das, was er von einem sah, mochte, konnte man auch leicht weiterkommen und sein Freund werden... Doch das Territorium war klar abgesteckt. Zu einer gewissen Zone hatte man Zutritt – zur Zone des gelehrten Debattierens und Kräftemessens, die alle Welt kannte. Dahinter war ein schwerbewachtes inneres Selbst, das niemand zu sehen bekam...«

Niemand? Natürlich, es gab da Warnie und Arthur und Jacks allernächste Freunde; aber es war schließlich eine Frau – eine zum Christentum konvertierte Jüdin aus Amerika –, die dies zarte, wohlverborgene innere Selbst entdecken und zur Entfaltung bringen sollte.

Forbidden Joy – Verbotene Freude

»C.S. Lewis hat das religiöse Denken, ja, die ganze religiöse Vorstellungswelt Amerikas beeinflußt wie kaum – wenn überhaupt – ein anderer moderner Schriftsteller.« So sah es der amerikanische Gelehrte Chad Walsh, und er fügte hinzu, Lewis habe »einen besonderen Auftrag an Menschen erfüllt, die nur langsam einen Zugang zum christlichen Glauben finden.«

Eine von vielen in Amerika, deren Denken und Glauben durch das Lesen von C.S. Lewis' Büchern verändert wurde, war Joy Davidman.

Helen Joy Davidman (von allen immer nur Joy genannt) wurde am 18. April 1915 in New York City geboren. Wie viele ihrer Generation war sie die erste ihrer Familie, die in Amerika zur Welt kam. Ihre Eltern – beide Juden – waren Ende des 19. Jahrhunderts eingewandert. Ihr Vater war in Polen geboren, während ihre Mutter aus einem kleinen Dorf in der Gegend von Odessa in der Ukraine stammte.

Joys Großeltern väterlicherseits waren orthodoxe Juden gewesen – Joys Großvater soll an einer Lungenentzündung gestorben sein, die er sich zugezogen hatte, als er den Heiden auf den Straßen der Lower East Side in Manhattan das Judentum predigte. Vielleicht war es besser für ihn, daß er nicht mehr miterleben mußte, wie sein Sohn Joseph dem jüdischen Glauben den Rücken kehrte und sich dem Atheismus zuwandte.

1909 heiratete Joseph Davidman Jeanette Spivack. In ihrer Familie war schon damals vom Glauben der Väter kaum etwas übrig geblieben. Jeanettes Eltern hielten sich zwar noch an die jüdischen Bräuche, lebten jedoch im übrigen ganz nach den Grundsätzen eines sozialistisch gefärbten Humanismus.

Für viele der jüdischen Familien, die um die Jahrhundertwende nach Amerika auswanderten, war die religiöse Toleranz des Landes ein Hauptanziehungsgrund. Die Verfassung garantierte ihnen das Recht, Gott auf ihre Weise zu dienen. Aber auch hier waren sie eine Minderheit, und ihre Vorschriften und Bräuche dienten eher dazu, sich abzusondern. Das bewirkte, daß ihre Kinder, die sich der Mehrheit anpassen und damit bessere Zukunftsaussichten schaffen wollten, an ihrem Glauben oft Abstriche machten oder ihn ganz aufgaben.

»Ich war«, schrieb Joy Davidman 1951, »ein wohlerzogenes, angepaßtes Kind des Materialismus... Inzwischen gibt es in den Städten Amerikas eine ganze Generation wie mich. Ich war Atheistin und Tochter eines Atheisten; ich war überzeugt, daß die Wissenschaft die Nichtexistenz Gottes bewiesen habe, genauso, wie ich überzeugt war, daß sie die Unzerstörbarkeit der Materie bewiesen habe... Vor meiner Zeit war ein Atheist eigentlich ein *religiöser* Mensch gewesen, einer, der über Gott – wenn nicht gut, dann doch angestrengt – nachgedacht hatte. Meine Generation hingegen hat den Atheismus schon mit der Muttermilch eingesogen...«

Joseph und Jeanette Davidman arbeiteten hart und wollten es zu etwas bringen. Da sie auch während der Depressionsjahre beide Arbeit hatten, blieb die Familie vor den ärgsten Entbehrungen bewahrt. Josephs Sparsamkeit allerdings grenzte an Geiz. Noch in der High School bekam Joy nie mehr als 25 Cents, mit denen sie Fahrtkosten und Lunch bestreiten mußte, weil ihr Vater darauf bestand, daß alles, was übrig blieb – und das war nicht viel –, zurückgelegt wurde. Dennoch genoß Joy eine sorglose und frohe Kindheit, eine gute Schulbildung, Klavierstunden (auf ihrem eigenen Stutzflügel) und regelmäßige Ferienreisen nach New England und – noch feudaler – an die Westküste, wo die Familie British Columbia, Kalifornien, den Staat Washington und den Grand Canyon besuchte.

Die Davidmans hatten schon früh das jüdische Ghetto in Manhattan verlassen und waren in die Bronx gezogen, wo sich noch immer ein paar Überreste aus New Yorks ländlicher Vergangenheit erhalten hatten. »Man konnte noch Kaninchenspuren im Schnee entdecken«, erzählte Joy später in einem Interview der *New York Post*, »und es gab einen altmodischen Obstgarten, wo blaue Myrten unter den Bäumen wucherten.«

Nach ein paar Jahren zog die Familie wieder um, diesmal nach Grand Concourse, einer Wohngegend des angesehenen Mittelstands. Joy war damals zu jung, um zu begreifen, wie privilegiert sie war; doch frühe Kindheitserinnerungen an das Gewühl in den Straßen Manhattans waren eindrücklich genug, daß sie 1949 schreiben konnte, in der Großstadt leben zu müssen, bedeute »für viele Kinder, in einem Raum aufzuwachsen, wo man weder sitzen noch stehen, noch liegen kann.« Und sie fügte hinzu: »Es ist müßig zu fordern, ein gesunder Mensch müsse sich seiner Gesellschaft anpassen, wenn die Lebensbedingungen dieser Gesellschaft untragbar sind.«

Wenn auch frei von Armut und Entbehrungen, war Joys Kindheit doch nicht ohne Probleme. Vielleicht infolge einer schweren Geburt war sie ein schwächliches, sehr anfälliges Kind, das von Joseph und Jeanette mit übertriebener Ängstlichkeit umgeben, von der Mutter verzärtelt, vom Vater mit strengen Verboten in seinem Tun und Lassen eingeschränkt wurde. Dieser Erziehung hat Joy es später zugeschrieben, daß sie sowohl auf ihre eigenen als auch auf fremde Probleme so überempfindlich reagierte.

Konfliktgeladen war vor allem die Beziehung zu ihrem Vater, der zwar sehr um ihr Wohl besorgt war, jedoch wenig echte Zuwendung zeigte. Er war ein Perfektionist, der, ohne jeden Sinn für Humor, auf der Trillerpfeife nach seinen Kindern priff und ihnen beibrachte, aufs Wort zu folgen. Wenn sie nicht gehorchten, packte er sie im Genick und ohrfeigte sie links und rechts.

Als Joy größer wurde, entwickelte sie – sehr zu seinem Mißfallen – einen scharfen Verstand und eine geschliffene Zunge und begann seine Handgreiflichkeiten mit verbaler Schlagfertigkeit heimzuzahlen: Sie merkte sich treffende Aussprüche – etwa ein Dickens-Zitat über die Mißhandlung von Kindern durch ihre Eltern –, um sie ihm im geeigneten Moment »an den Kopf zu schmeißen«.

Gleichwohl gingen die körperlichen Züchtigungen noch jahrelang weiter. Howard, ihr vier Jahre jüngerer Bruder, wurde geprügelt, bis er von zu Hause fort aufs College kam, und Joy, bis sie sich, mit sechzehn, plötzlich einmal zur Wehr setzte, ihren

Vater trat und ihm mit den Fingernägeln das Gesicht zerkratzte. Er schlug sie nie wieder.

Schon als Kind entwickelte Joy eine große Liebe zu Tieren, die ihr lebenslang erhalten bleiben sollte. »Ich denke, die Freundschaft zu Tieren ist eine Art Mitgefühl für das Benachteiligte«, sagte sie einmal. Einer ihrer Lieblingsorte war der Zoo in der Bronx. Sie ging die zehn Meilen Weg dorthin oft zu Fuß, weil sie für die Fahrkarte nicht genug Geld hatte. Ganz besondere Zuneigung hegte sie für die Füchse und Wildhunde, die sie zu zähmen versuchte. Einen brachte sie tatsächlich so weit, daß er zu ihr kam und ihr ein Stück Schokolade zwischen den Zähnen wegfraß.

Ihre größte Liebe aber gehörte den Katzen (sie hielt ihr Leben lang Hauskatzen, und als sie in Hollywood war, schloß sie Freundschaft mit dem berühmten MGM-Löwen). Als junges Mädchen ging sie nachts manchmal heimlich in den Zoo, gelegentlich mit Howard im Schlepptau, und lockte Löwen und andere Großkatzen ans Gitter ihrer Käfige, um ihnen das Fell zu kraulen.

Sehr früh entdeckte Joy (genau wie C.S.Lewis) die Freude am Lesen. Als sie acht war, kamen ihr die Bücher von George MacDonald in die Hände, und sie las nicht nur seine Kindergeschichten – *At The Back of the North Wind, The Princess and the Goblin* und *The Princess and Curdie* –, sondern auch *Phantastes*, sein Märchen für Erwachsene, das viele Jahre zuvor einen so entscheidenden Einfluß auf Lewis gehabt hatte. Joy schreibt über MacDonalds Geschichten: »Es sind die einzigen mir bekannten Kinderbücher, die das Gute attraktiv machen. Sie haben in mir eine lebenslängliche Neigung zum Phantastischen geweckt, die mich ein paar Jahre später zu Lewis führte, der wiederum mich zum Glauben führte.«

Joy entwickelte sich schnell zur leidenschaftlichen Leseratte, und als sie in die Schule kam, verschlang sie bereits täglich mindestens ein Buch, manchmal auch mehrere. Dabei war sie kurzsichtig, und durch den unersättlichen Lesehunger verschlechterte sich ihr Augenlicht so sehr, daß sie bereits mit neun eine Brille tragen mußte und im Lauf der Jahre immer stärkere Gläser brauchte.

In der Schule zeigten Joy wie auch ihr Bruder eine außerge-wöhnliche Begabung. Howard hatte einen IQ von 147, Joy gar von über 150. Ungeachtet der Tatsache, daß damit beide Kinder in die Kategorie der Hochbegabten gehörten, gönnte ihnen Jo-seph Davidman wenig Lob und Bestätigung. Zu Howard meinte er geringschätzig, er werde es nie zu etwas bringen, und später, als sein Sohn Medizin studieren wollte, erklärte er rund-weg, das gehe über seine Fähigkeiten. Dessen ungeachtet absol-vierte Howard Davidman sein Medizinstudium und wurde ein überaus erfolgreicher New Yorker Psychiater.

Ihre ganze Schulzeit hindurch wurde Joy von Krankheiten verfolgt, was sie allerdings kaum an ihrem schulischen Vor-wärtskommen hinderte. Zuerst machte ihr eine Wirbelsäulen-verkrümmung zu schaffen, die mehrere Jahre nicht richtig er-kannt wurde. In der High School versäumte sie als Zehnjährige ein halbes Jahr wegen Scharlach und bald darauf ein paar weitere Monate wegen einer drohenden Anämie.

Zwei Jahre später stellte es sich heraus, daß Joy tatsächlich an Anämie litt. Sie bekam eine Leberextrakt-Diät verschrieben, die allerdings eine starke Gewichtszunahme zur Folge hatte. Es war für sie eine schwierige Zeit: Durch ihre Frühreife war sie in eine Schulklasse gekommen, in der sie mit Abstand die Jüngste war. Die übertriebene Sorge und Fürsorge ihrer Mutter erschwerte es ihr zusätzlich, mit Mädchen ihres Alters zusammenzusein und Freundinnen zu finden. Und der Kummer über ihr Aussehen – sie war klein, dick und trug eine Brille –, zusammen mit der diktatorischen Haltung ihres Vaters, schloß Jungenfreundschaf-ten von vornherein aus. Im Vergleich zu ihren Klassenkamera-dinnen war sie kindlich naiv und fühlte sich ihnen doch wegen ihrer hohen Intelligenz und ihrer Belesenheit weit überlegen. Das alles machte sie sehr einsam.

Im Rückblick auf diesen Lebensabschnitt sagte Joy 1949, als sie der *New York Post* anläßlich ihres Austritts aus der Kommu-nistischen Partei eine Reihe von Interviews gab: »Sehen Sie nun, wie überzüchtet, arrogant und mit Bücherwissen vollgestopft ich war? Eine geradezu ideale Mischung für die Kommunisti-sche Partei!«

So war Joy tatsächlich schon auf dem besten Weg, Kommunistin zu werden, als sie mit vierzehn Jahren die Evander Childs High School abschloß und ins Hunter College in der Bronx eintrat.

Das Hunter College war 1870 als gebührenfreie Frauenuniversität gegründet worden. Um 1930 kamen die meisten seiner Studentinnen aus Familien des unteren Mittelstands, die finanziell nicht in der Lage waren, ihre Töchter auf eine der auswärtigen, gebührenpflichtigen Hochschulen zu schicken. Viele von Joys Kommilitoninnen stammten aus Elternhäusern, die von der großen Wirtschaftskrise hart betroffen waren, manche lebten in wirklicher Armut. Aber es dauerte eine ganze Weile, bis Joy (die »zu sehr damit beschäftigt war, erwachsen zu werden«) auf die Leiden und Nöte rings um sich aufmerksam wurde. Immerhin spürte sie ein »wachsendes Unbehagen in der Gegend, wo mein Gewissen hätte sein sollen«.

Zu Hause wurde sie unterdessen immer rebellischer und ließ es oft zu lauten Auseinandersetzungen mit ihrem Vater kommen. Sie fing an, sich gegen die Vorschriften und Verhaltensregeln, die er ihr auferlegte und die sie immer mehr einengten, zu wehren, ja, sie ging so weit, ihm Heuchelei vorzuwerfen. Ihrer Meinung nach waren ihre Eltern Atheisten, die nur nicht den Mut hatten, die Fesseln der religiösen Moral abzuschütteln.

Sie erklärte ihnen, sie seien Leute, »die zwar Moses leugnen, aber trotzdem die Zehn Gebote befolgen, oder die Christus leugnen, aber sich doch an die Bergpredigt halten. Eure moralischen Grundsätze«, sagte sie, »sind doch nichts weiter als ein Ausdruck für den Willen Gottes. Im Materialismus gibt es keine Grundlage für Moral. Wenn es keinen Gott gibt, ist auch nichts verkehrt.«

Vergnügen, verkündete Joy, sei das einzige wahre Lebensziel, Hedonismus die einzige Religion. Ihre Eltern waren entsetzt und bemühten sich nun erst recht, sie zu überwachen und zu kontrollieren. In der Schule erzählte Joy so oft von den Repressalien ihrer Eltern und erklärte auch hier so leidenschaftlich, sie wolle nur für ihr Vergnügen leben, daß ihre Schulkameradinnen ihr bald den Spitznamen »Forbidden Joy« (Verbotene Freude) gaben.

Ihre Auflehnung blieb jedoch im Denken und Fühlen stecken, und sie tat wenig, um die neue Weltanschauung in die Praxis umzusetzen. »Ich war vermutlich so brav wie irgendein Durchschnittsmädchen«, sagte sie später und fügte hinzu, sie habe älteren Leuten nach wie vor die Tür aufgehalten und in der U-Bahn anderen ihren Platz angeboten.

Und trotz der beißenden Worte, mit denen sie über den Glauben herzog, zeigt ein Erlebnis aus dieser Zeit, wie überaus empfänglich sie für das Göttliche war:

»Als ich vierzehn war, ging ich eines Sonntagnachmittags im Park spazieren. Die Luft war rein, kalt, strahlend. Die Bäume waren von blankem Eis überzogen, die Geräusche von der Stadt her vom Schnee gedämpft. Wintersonnenuntergang – eine Reihe junger vereister Pappeln zwischen der Sonne und mir – als ich aufschaute, brannten sie unvorstellbar golden – brannten und wurden nicht verzehrt. Ich hörte die Stimme im brennenden Baum; der Sinn aller Dinge war offenbar und das Sakrament im Herzen alles Schönen lag aufgedeckt; Zeit und Raum versanken, und für einen Augenblick war die Welt nur eine Türe, die sich öffnete. Dann verblaßte das Leuchten, meine Zehen schmerzten vor Kälte, und ich ging heim und stellte Überlegungen darüber an, daß ich wieder einmal eine ästhetische Erfahrung gemacht hätte...«

Wiewohl diese und ähnliche Erfahrungen ganz zu denen paßten, von denen Joy in den Schriften George MacDonalds und anderer gelesen hatte, wehrte sie sich hartnäckig dagegen, sie als geistlich gelten zu lassen. »Was ich erlebt hatte, waren ›nur die Nerven‹ oder ›nur die Hormondrüsen‹. Als ich dann Freud entdeckte, wurde es zu ›nur Sex‹. Und doch, wenn je ein Menschenleben von unsichtbaren Mächten verfolgt war, dann war ich es von Christus.«

Religiöse Symbolik war ein wesentliches Element in vielen der Bücher, die sie gelesen hatte; so bei MacDonald, in den Geschichten von Lord Dunsany und William Morris und in den Werken der Mystiker, die sie, von John Donne bis zu Francis Thompson, gut kannte. Auch die Bibel hatte sie gelesen – »natürlich nur wegen ihrer literarischen Schönheit!« Das hatte seltsame Folgen:

»Unbewußt zitierte ich bei allem, was ich tat, Jesus; sei es, daß ich Gedichte schrieb oder mich mit meinen Eltern stritt. Mein erstes veröffentlichtes Gedicht hieß ›Auferstehung‹; es war eine Art Zwiegespräch mit Jesus, in dem ich versuchte, ihn – und mich – zu überzeugen, daß er nie vom Tode auferstanden sei. Ich schrieb es ausgerechnet an Ostern und hatte keine Ahnung, warum.«

Christus und sein Leiden war in ihren Gedichten ein immer wiederkehrendes Thema, seit sie mit der Entdeckung von Keats und Shelley den Entschluß gefaßt hatte, Schriftstellerin zu werden. Aber Jesus war für sie, wie sie Jahre später bekannte, kaum mehr als »ein wertvolles literarisches Motiv«; sie hätte »zehnmal am Tag von übernatürlichen Mächten gepackt und geschüttelt werden« können und hätte es immer noch nicht geglaubt, daß es so etwas wie Geist gab.

1930 glaubte sie an nichts: »Menschen, sagte ich, sind bloß Affen. Tugend ist bloß herrschende Sitte. Leben ist bloß eine elektrochemische Reaktion. Die Seele ist bloß eine Reihe konditionierter Reflexe... Liebe, Kunst und Mitmenschlichkeit sind bloß Sex. Das Universum ist bloß Materie. Materie ist bloß Energie. Ich weiß nicht mehr, was ich sagte, was Energie ist...«

Und so arbeitete die junge Joy an ihrem Image von der glücklichen Materialistin: »Ein Kind der geldgierigen, raffsüchtigen, großstädtischen Mittelklassenwelt, meinte ich zu wissen, daß diese Art Persönlichkeit gefragt war. Doch unter der Oberfläche regte sich meine wirkliche Person, reckte ihre Flügel, entdeckte, was sie wirklich mochte und was nicht...«

Am Hunter College studierte Joy mit großem Eifer, hörte dabei aber nicht mit Schreiben auf. Sie war Mitherausgeberin des *Hunter College Echo*, in dem auch eine Kurzgeschichte von ihr mit dem Titel »Die Abtrünnige« erschien. Die Erzählung handelt von einer jungen Jüdin, die mit einem Christen durchbrennt und bereit ist, sich taufen zu lassen, damit sie ihn heiraten kann. Doch es kommt nicht dazu. Ihre Familie platzt in den Taufgottesdienst herein und prügelt sie erbarmungslos, während die Christen zusehen und lachen. »Die Abtrünnige« erhielt 1934 den Bernhard-Cohen-Preis für Kurzgeschichten.

Später im selben Jahr schloß Joy das Hunter College mit einem BA (Bachelor of Arts, mittlerer Universitätsabschluß) ab und nahm, neben dem Weiterstudium bis zum MA (Master of

Arts) an der Columbia University, eine Stelle als Englischlehrerin an der Walton High School an. »Aber ich war«, erklärte sie später beinah mit Stolz, »ein sensationeller Mißerfolg!«

Joy unterrichtete gar nicht gern – es war die Idee ihrer Eltern gewesen, nicht die ihre; sie wollte nach wie vor Schriftstellerin sein, doch nun brauchte sie all ihre körperlichen und intellektuellen Kräfte zum Unterrichten und hatte kaum mehr Zeit zum Schreiben.

Schon 1935 – sie war zwanzig – mußte sie jedoch die Stelle aus gesundheitlichen Gründen wieder aufgeben; sie litt an einer Überfunktion der Schilddrüse, der Basedowschen Krankheit, die einen Kropf, hervortretende Augen und chronische Müdigkeit zur Folge hatte. Der Arzt schlug zunächst vor, einen Teil der Schilddrüse operativ zu entfernen, doch dann entschloß man sich statt dessen zu einer Radiumtherapie.

Das nächste Jahr hindurch trug Joy einmal wöchentlich vierundzwanzig Stunden lang einen Radiumkragen. Das Radium, erklärte man, werde von der Schilddrüse absorbiert und verringere ihre Überfunktion. Die Krankheit sprach auf die Behandlung an, doch die langdauernde Radiumbestrahlung trug zweifellos dazu bei, daß sie zwanzig Jahre später an Krebs erkrankte.

Als sie endlich wieder unterrichten konnte, bekam sie eine Stelle an der Roosevelt High School. Die Arbeit hier war noch aufreibender und dazu schlechter bezahlt als an der vorherigen Schule. Die Schüler, viele von ihnen Italo-Amerikaner, die nahezu kein Wort Englisch konnten, kamen aus den ärmsten, heruntergekommensten Familien New Yorks.

Auch viele der Lehrer hatten mit Schwierigkeiten zu kämpfen, da die Schulbehörden im Rahmen eines Sparprogramms neue Lehrer nur als »ständige Vertretung« einstellten, zu Gehältern, die weit unter denen der festangestellten Lehrer lagen. Dazu wurde diesen Hilfslehrern noch eine Menge zusätzlicher Pflichten, von Tipparbeiten bis zum Putzen der Klassenzimmer, aufgebürdet. In dieser Zeit begann Joy, die tiefe soziale Unzufriedenheit in Amerika zu begreifen und sich mit ihr zu identifizieren.

Unter welch entsetzlichen Bedingungen Menschen während der Wirtschaftskrise in Amerika leben mußten, war Joy zum erstenmal ein paar Monate vor ihrem Abschluß am Hunter College aufgegangen. Eines Tages, als sie im College aus dem Fenster schaute, hatte sie ein Mädchen in schwindelnder Höhe auf dem Dach eines angrenzenden Gebäudetrakts stehen sehen, und ehe sie auch nur Zeit gehabt hatte, sich darüber zu wundern, was es dort wollte, hatte sich das Mädchen in den Tod gestürzt. Joy erfuhr später, daß das Mädchen Waise gewesen war und von Fürsorgebeiträgen gelebt hatte. Da die Zahlung ausgeblieben war, hatte es mehrere Tage nichts zu essen gehabt und sich in seiner Einsamkeit und Verzweiflung schließlich nicht mehr anders zu helfen gewußt, als sich das Leben zu nehmen.

Joy war betroffen und aufgebracht über das Erlebte, und im Lauf der nächsten Jahre wurde es ihr immer klarer, daß der Selbstmord dieses unbekannten Mädchens kein Einzelfall war. New York war voll von Leid und Not. Unbescholtene Leute, die ihr Leben lang mit ihrer Hände Arbeit ihr Brot verdient hatten, verloren Stelle und Einkommen; der Hunger zwang die Leute, ihren Grundsätzen untreu zu werden und um Armensuppe Schlange zu stehen oder ihren Stolz zu vergessen und Abfalleimer zu plündern.

Zur gleichen Zeit wurden an anderen Orten des Kontinents Ernteüberschüsse gedankenlos vernichtet. Man muß sich kaum wundern, daß viele Amerikaner in ihrem Zorn, ihrem Hunger und ihrer Armut begannen, sich einer alternativen politischen Richtung zuzuwenden – dem Kommunismus. Auch etliche Lehrer der Roosevelt High School und anderer New Yorker Schulen traten in die Kommunistische Partei ein.

So grübelte auch Joy immer mehr über soziale und politische Fragen nach, die sie früher kaum berührt hatten. Eines Tages, als sie sich auf einem langen Spaziergang wieder einmal mit diesen Problemen auseinandersetzte, blieb sie plötzlich wie angewurzelt stehen und sagte sich: »Wenn ich so weiterdenke, werde ich noch zur Kommunistin.« Und dann, zu ihrer eigenen Verblüffung: »Bei Gott, ich *bin* Kommunistin!«

Das nächste war, daß sie den blinden Patriotismus ihrer Eltern aufgab und über eine Empfindung nachzudenken und zu schreiben begann, die in ihren Augen ungleich höher stand als die Liebe zum Vaterland: die Liebe zu den Menschen, die darin lebten – diesen Menschen, die unter den Ungerechtigkeiten des Kapitalismus litten:

>»Brich einen Strohhalm und bring ihn nach Haus,
Das ist dein Teil von Amerika,
Das Land ist schlecht verteilt und genützt...
Brich einen Kakteenzweig, nimm ihn mit nach Haus
Und frag nicht, warum seine Dornen dich stechen;
Das ist, was man dir vom Ertrag des Bodens abgibt.
Nun beuge dich mit mir und liebe dies Land,
Das dir nicht gehört; berühre es mit der Stirn.
Seine Wunden heile mit ehrfürchtig liebender Hand,
Daß es gesund wird und seinem Volke gehört...
Mit mir nun
Beuge dich und tu deinen Mund auf gegen Amerika,
Das du gesund machen wirst, zum Schatz für seine Bewohner.
Das du den Arbeitern geben wirst und denen,
Die mit dem Pflug die Erde wenden.«

Es gab noch andere Einflüsse, die Joy immer mehr zum Kommunismus hinzogen. Da war einmal die Kunst. Joy begann das Werk russischer Schriftsteller, Musiker und Filmschaffender zu entdecken und sagte sich: »Ein Land, das imstande ist, Bilder hervorzubringen, die so viel besser sind als das meiste, was hier geschaffen wird, kann so schlecht nicht sein.« Dann waren da die täglichen Zeitungsberichte aus dem Spanischen Bürgerkrieg, in dem viele Amerikaner gemeinsam mit den Freiwilligen anderer Länder die Republikaner des linken Flügels gegen die faschistische Armee General Francos unterstützten.

Den stärksten Einfluß erkannte Joy jedoch erst Jahre später: »Aber im Grunde, glaube ich, wurde ich von jener unsichtbaren Macht getrieben, die mich auch in meinem Lesen und in meinen Träumen geführt hatte – ich wurde Kommunistin, weil ich später Christin werden sollte.«

Jahrelang hatte Joy ihre selbstsüchtigen, hedonistischen Überzeugungen gepredigt; nun wollte sie sich zum erstenmal im Leben auf die Probleme anderer einlassen – »ich war bereit, meines Bruders Hüter zu sein«. Es war eine rein gefühlsmäßige

Entscheidung; Joy machte sich nicht die Mühe, den Marxismus zu studieren, es genügte, daß der Kapitalismus versagt hatte und der Sozialismus der Welt eine verheißungsvolle Alternative anbot.

»Meine Motive«, schrieb sie später, »waren ein buntes Durcheinander: jugendliche Auflehnung, jugendliche Eitelkeit, jugendliche Verachtung der ›Hohlköpfe‹, die unsere Gesellschaft zu beherrschen schienen – all das spielte eine Rolle. Die Welt war aus den Fugen, und wer wäre besser geeignet, sie zu erneuern, als ich? Mochte es noch so unvernünftig sein, sich um andere zu sorgen – ich konnte einfach nicht anders. Und ich wollte etwas *tun*, darum trat ich in die Kommunistische Partei ein.«

Joy besuchte eine ehemalige Mitstudentin vom Hunter College, die in der Bronx wohnte und bereits Mitglied in der Partei war. Sie hatte erwartet, mit offenen Armen empfangen zu werden. Doch ihre Freundin war ziemlich kühl und empfahl ihr, einiges über die Partei zu lesen. Danach könne man weiter darüber reden.

Ein paar Tage später, nachdem sie eine Reihe von Broschüren über den Kommunismus gelesen hatte, traf sie sich wieder mit dieser Freundin. »An diesem Abend bekam ich einen kleinen Vorgeschmack davon, was mich schließlich aus der Partei hinaustreiben sollte... Ich erzählte begeistert von meinem Gesinnungswandel, als meine Freundin mißtrauisch fragte: ›Du meinst, du möchtest zum Wohl *anderer* in die Partei eintreten?‹ Nun steckte hinter meinem Entschluß sicher auch ein Stück natürliche Rebellion; aber ich wollte wirklich auch andern helfen. Doch etwas in mir warnte mich, daß ›Ja‹ die falsche Antwort wäre.

An dieser Stelle brachte ich die erste Lüge für die Partei über die Lippen: ›Zur Hölle mit den andern!‹ sagte ich schlagfertig. ›Ich will mich der Partei anschließen, damit es mir selbst gut geht, denn ich weiß, daß ich ohne den Sozialismus keine anständigen Zukunftsaussichten habe!‹

Das war die richtige Antwort... Meine Freundin atmete erleichtert auf und lächelte. Meine marxistische Erziehung, der Prozeß der Loslösung von den ›bourgeoisen Werten‹, hatte begonnen.«

Joys Sorge um andere und ihr inneres Engagement für die Menschlichkeit blieben jedoch unvermindert. Und wenn es ihr auch einigermaßen gelang, dies vor ihren kommunistischen Freunden zu verbergen, so schimmert es doch in ihren Gedichten immer wieder durch:

»Sollt ich bei Krieg und andrer Leid
Je ruhn in Selbstzufriedenheit,
Wenn Kinder blutig sterben müssen,
Sorglos auf weichem Ruhekissen
Der heilgen heilen Haut mich freun,
Dann brich, Dach! Laß die Bombe ein...

Mög ich nie blind sein für die Not,
Nie stumm, wo andern Unrecht droht,
Mög Mut mich führen und Verstand,
Zu helfen mit entschloßner Hand.
Lähmt feige Eigenliebe mich,
Dann brich, Dach! Bombe, töte mich.«

Obwohl es Joy verhältnismäßig leichtgefallen war, sich innerlich für den Kommunismus zu entscheiden, erwies es sich als sehr schwierig, Mitglied der Partei zu werden. Zweimal leistete sie den Eid auf Marx und die Arbeiterklasse, zuerst an einer Mitgliederversammlung, dann bei einer Massenveranstaltung in den Madison Square Gardens, doch beide Male gelang es ihr nicht, den Mitgliederausweis zu bekommen.

Sie ließ sich jedoch nicht entmutigen und versuchte es wieder, diesmal, als ein junger Mann, der Parteimitglied war, sie an eine Versammlung in der unteren Fifth Avenue mitnahm. Hier wurde sie endlich vereidigt und erhielt Ausweis und Mitgliedsbuch. Ihre Eltern waren äußerst entsetzt, als sie es ihnen erzählte; doch Joy ließ sich trotz der heftigen Auseinandersetzungen mit ihrem Vater über dieses Thema nicht von ihrer Überzeugung abbringen. Und »weil es dazugehörte«, sich einen Parteinamen zuzulegen, nannte sie sich »Nell Tulchin«.

Tulchin – so hieß das kleine Dorf in der Ukraine, wo ihre

Mutter als Kind gelebt hatte; es war auch der Hintergrund für Joys ersten Roman, *Anya*, an dem sie damals schrieb.

Sie hatte im Sommer 1937 ihre Stelle als Lehrerin aufgegeben und – überraschenderweise – mit der Unterstützung ihrer Eltern begonnen, sich ganz dem Schreiben zu widmen, wie sie es schon immer gewollt hatte.

Anya beruht auf Ereignissen und Menschen aus den Erinnerungen ihrer Mutter und ist ein ergreifendes Porträt einer jungen in Rußland aufwachsenden Jüdin und der Menschen, die ihr lieb sind. Es ist eine Geschichte aus der Alten Welt, tief in Sprache und Brauchtum einer vergangenen Zeit verhaftet, doch in Stil und Denkweise von einem Kind der Neuen Welt erzählt. Der Roman ist lang – fast 300 Seiten lang – doch er ist spannend und dicht und gibt ein sehr anschauliches Bild der Zeit und des Ortes:

»...strohsilbern und blaßgolden war das Land, nur da und dort hoben sich späte Kornblumen dunkel vom Boden ab. In der Nähe konnte man die rauhen Halme deutlich erkennen, Stoppel an Stoppel, und an jeder einzelnen brach sich blitzend die Sonne; doch in der Ferne verschwammen die Felder... Anya wanderte auf der Straße zur Stadt hinaus, dann und wann verweilend, um ihre Hände in die Stoppeln zu drücken und ihre Stachligkeit zu spüren. Sie war zwölf Jahre alt, ein Kind aus dem Judenviertel von Schpikow. Die gewaltige, weite Leere der Felder nahm ihr fast den Atem.«

Anya wird zu einer Frau voller Leidenschaft und Sinnlichkeit, noch in den Traditionen ihres Volkes befangen und doch bereits voller Auflehnung und Freiheitsdrang. Am Schluß des Romans – sie steht kurz vor der Geburt eines Kindes, dessen Vater nicht ihr Mann ist – träumt Anya von einem neuen Leben in Amerika:

»...verliebt spielte ihre Phantasie mit dem Gedanken an dieses Land, sie betastete das Gold, das überall auf seinen Straßen lag, sie stolzierte zwischen den schmucken fremdländischen Häusern einher. Amerika, das war ein neues Leben, ein neuer Geschmack auf der Zunge, der Arm eines neuen Mannes um ihre Schultern... In Amerika gab es würzige Speisen; Kuchen, die außen glänzten, und Seidenstoffe, die glänzten, und Männer, die mit ihren fremdländischen Augen eine Frau auf der Straße unverhofft ansahen. Bei diesem Gedanken fiel ihr ein, daß sie eine sitzengelassene Frau war, und schlagartig trat Schimka ihr wieder ins Bewußtsein. Doch die Erinnerung an ihn schmeckte gut, sie tat nicht mehr weh; die sieben Monate, die sie mit ihm gelebt hatte, waren ein abgeschlossenes Kapitel ihres Lebens; an seinen Platz war in ihrer Liebe die lockende, süße, abenteuerliche Verheißung Amerika getreten...«

Wir erfahren nicht, ob Anya ihre Träume schließlich verwirklicht und nach Amerika geht, doch es bleibt kaum ein Zweifel, daß sie, wenn sie es tut, dort alles sehr anders finden wird, als sie es sich vorgestellt hat. Dennoch ist *Anya* kein politischer Roman, und das Buch enthält nichts, was auf Joys neugefundene Ideologie hindeuten würde. Dafür muß man ihre Gedichte betrachten.

1936 und 1937 wurden etliche davon in *Poetry*, einem angesehenen Literaturmagazin, veröffentlicht, während andere – Aufschreie über Krieg, Armut und Arbeitslosigkeit – in der halboffiziellen kommunistischen Parteizeitschrift *New Masses* erschienen. Von diesen Erfolgen ermutigt, beschloß Joy, ihr Werk dem bekannten Schriftsteller Stephen Vincent Benét vorzulegen, der damals die »Younger Poet Series« der Yale University Press herausgab. Sein Anliegen war, in dieser Buchreihe Gedichte junger Autoren zu veröffentlichen, »die für die Zukunft der amerikanischen Dichtung besonders vielversprechend« erschienen. Die Konkurrenz um einen Platz in dieser Reihe – in der schon Leute wie Oscar Williams und James Agee vertreten waren – war groß.

Benét äußerte sich anerkennend über Joys »sehr beachtliche Gewandheit im Umgang mit der Sprache und eine Individualität, die sich in vielerlei Formen erfolgreich auszudrücken vermag«, und beschloß, einen Band mit fünfundvierzig der ihm vorgelegten Gedichte herauszugeben.

In seinem Vorwort zu diesem Buch, das im November 1938 erschien, schrieb Benét: »Hier finden wir, was ein wacher, empfindsamer und beweglicher Geist über sich selbst und über die Dinge der modernen Welt denkt. Die Kraft, die Genauigkeit und die Frische, mit der Miss Davidman zum Ausdruck bringt, was viele ihrer Generation fühlen und denken, werden dem Buch, so hoffe ich, eine weit größere Leserschaft bringen, als es ersten Gedichtbänden im allgemeinen vergönnt ist.«

Das Bändchen trägt den Titel seines ersten Gedichts: *Letter to a Comrade* (Brief an einen Kameraden).

»...Sag ihnen dann, es gibt die Hilfe nicht,
die wunderbar vom Himmel fällt, es gibt
kein Zaubermittel, keinen Retter, wie er
grellfarbig von den Wahlplakaten lächelt;
    nur gebündelte Ruten, nur zum Bund vereinigte Menschen
sind stark. Nur Augen, die ausgehn, um Hilfe zu suchen,
finden sie in den Augen der Brüder. Sag
    nur der Geist des Menschen kann geistige Brücken bauen,
    nur Menschenhände schaffen vereint die Fülle,
    die Not der Menschen soll tosende Antwort wecken...«

Und Gott kam in mein Leben

»Das Schlimme mit den meisten poetisch angehauchten Genossen war, daß sie glaubten, um ein Gedicht zu machen, brauche man nur den Leitartikel des *Daily Worker* in freie Verse zu zerhacken...«

So sollte Joy Davidman später einmal die kommunistische Poesie beurteilen. Sie war dazu wohl in der Lage, arbeitete sie doch einige Jahre hindurch ehrenamtlich beim kommunistischen Parteiorgan *New Masses* als Lektorin für Lyrik. »Ich muß schon Feuer und Flamme gewesen sein«, schreibt sie rückblickend, »denn das Zeug, das man mir vorlegte, war im allgemeinen miserabel.«

Ihre eigenen Gedichte hatten allerdings ein anderes Niveau. *Letter to a Comrade* erhielt ausgezeichnete Rezensionen – einer der Kritiker lobte die »Leichtigkeit des Ausdrucks, die Klarheit der Bilder, die Aussagekraft und geistige Beweglicheit« – und die erste Auflage war schnell vergriffen.

Das Buch wurde im Frühling 1939 neu aufgelegt und gewann im selben Jahr den Russell-Loines-Preis des National Institute of Arts and Letters. Der Preis belief sich auf tausend Dollar, doch noch wichtiger als das war für Joy, daß sie die Auszeichnung gemeinsam mit Robert Frost erhielt, dem großen Dichter Neuenglands.

Obwohl einer der führenden New Yorker Literaturagenten, Brandt and Brandt, Joy auf seine Bücherliste nahm, blieb sie bei ihrem Entschluß, ihre Begabung in erster Linie in den Dienst des Kommunismus zu stellen, und ihre Bereitschaft, für die Partei zu schreiben, bewog den Herausgeber von *New Masses*, sie von ihrem Lektorposten für Lyrik zur Journalistin und Kritikerin zu befördern.

Doch bei allem Einsatz paßte Joy nicht so recht ins Parteimilieu. Sie fand ihre Kollegen dämlich, aufgeblasen und ohne jeden Sinn für Humor; viele, meinte sie, seien hoffnungslos beschränkt: »Manche waren wohl nur da, weil sie sich an keiner normalen Stelle halten konnten.«

Joy begann, sich die Zeit in den langweiligen Redaktionssitzungen mit Stricken zu vertreiben. Wenn dabei die Diskussion auf ein Niveau absank, das sie zu stürmischem Protest herausforderte – was häufig vorkam –, ließ sie allerdings oft die Maschen fallen. Mit beißendem Sarkasmus suchte sie dann etwa den Redaktionsmitgliedern klarzumachen, daß die Parteigenossen die kommunistischen Publikationen doch nur aus Pflichtgefühl kauften, »denn daß sie interessant waren, konnte wirklich niemand behaupten«.

An einer dieser Redaktionssitzungen erklärte Joy, *New Masses* brauche dringend »ein bißchen literarischen Schliff«. Ihre Kollegen fielen aus allen Wolken. »Was!« fragten sie, »willst du uns etwa mit dem *New Yorker* vergleichen?«, was Joy herausfordernd bejahte.

Man kann es ihr nicht verargen, daß sie sich den phantasielosen Phrasendreschern, mit denen sie zusammenarbeitete, überlegen fühlte, hatte sie ihnen doch einen preisgekrönten Gedichtband und ihren ersten Roman voraus, der bei Macmillan zur Veröffentlichung angenommen war. Und man kann es ihr erst recht nicht übelnehmen, daß sie sich auf jede Gelegenheit, etwas anderes zu schreiben als Propagandagedichte für *New Masses*, gestürzt hätte.

Diese Gelegenheit kam 1939: Joy erhielt eine Einladung nach Hollywood – in diese Stadt der Träume, von der einmal jemand gesagt hat, sie sei »ein Irrenhaus, das von den Insassen selbst geleitet« werde.

Im Jahre 1938 hatten die Metro-Goldwyn-Mayer-Studios (MGM) ein Projekt lanciert, um neue schriftstellerische Talente ausfindig zu machen: Eine Anzahl vielversprechender junger Schriftsteller wurde eingeladen, sich im Verfassen von Filmdrehbüchern zu versuchen. Die Anfangsverträge lauteten auf sechs Monate, und die Empfänger erhielten einen garantierten Festbetrag von wöchentlich fünfzig Dollar.

Für eine Schriftstellerin mit überwachem sozialen Gewissen

war Hollywood mit seinen palmengesäumten Gehwegen und seinen Luxusvillen allerdings ein seltsames Ziel; aber das Angebot war allzu verlockend: mehr Geld, als sie je zuvor verdient hatte; Gelegenheit, Erfahrungen zu sammeln; die Chance, daß dies der Anfang einer neuen Karriere sein könnte; und eine hochwillkommene Zeit der Freiheit, weg von zu Hause.

Joy traf im April 1939 in Hollywood ein. Zufällig wurde dieses Jahr eines der erfolgreichsten der MGM. Unter den zweiundfünfzig produzierten Filmen (für jede Woche des Jahres einer) waren einige Riesenerfolge; *Goodbye, Mr. Chips* mit Robert Donat, *Die Abenteuer des Huckleberry Finn* mit Mickey Rooney, *Ninotschka* mit Greta Garbo, *The Wizard of Oz* mit Judy Garland und ihren Freunden und *Vom Winde verweht*, einer der beliebtesten Filme aller Zeiten.

Für Joy hingegen wurde es ein einzigartiger Mißerfolg. Anders als einige der übrigen Schriftsteller, die in Hollywood ihr Glück versuchten – etwa James Hilton, Anita Loos und R.C.Sherriff –, gelang es ihr nicht, sich die sehr speziellen Fertigkeiten anzueignen, die für einen Drehbuchautor erforderlich sind.

Sie war darüber zutiefst entmutigt und erkannte nicht, daß ihr Versagen wohl weniger mit ihren persönlichen Fähigkeiten zu tun hatte als mit der Arbeitsweise der Hollywood-Studios, wo die Drehbücher oft von Schriftsteller zu Schriftsteller weitergereicht wurden, bis ein Stück zustande kam, das die Produzenten befriedigte.

So verfaßte auch sie mindestens vier Drehbücher, doch keines davon fand Verwendung. Einer der Filme, an denen sie arbeitete, war *Rage in Heaven*, ein Melodrama, das 1949 schließlich mit Robert Montgomery, Ingrid Bergman und George Sanders auf die Leinwand kam. Das endgültige Drehbuch hatte Christopher Isherwood geschrieben, allerdings nicht, ehe sich auch James Hilton an einer Fassung abgemüht hatte. Als *Rage in Heaven* erschien, rezensierte Joy den Film und bekannte: »Auch die Verfasserin dieser Zeilen hat sich in ihrer Metro-Goldwyn-Mayer-Zeit an diesem Film versucht, und mit großem Edelmut gibt sie hier zu, daß der Film sehr viel besser ist, als sie oder James Hilton ihn abgegeben haben.«

Die Abende verbrachte Joy, statt mit den anderen an Hollywoods Partyleben teilzunehmen, auf Versammlungen der Kommunistischen Partei. Es scheint, daß sie dort keine Freunde fand, außer einem Mann, mit dem sie eine halbherzige Affäre hatte – und Leo, dem MGM-Löwen.

Als im Herbst der Vertrag mit Hollywood ablief, kehrte sie nach New York zurück, wo sie wieder ins Redaktionsteam von *New Masses* eintrat. Dank ihrer Erfahrungen im »Reich der Illusionen« konnte sie sich nun zusätzlich auch als Filmkritikerin betätigen.

Doch Joys Filmkolumne war für das Blatt eine umstrittene Errungenschaft. Joy nahm darin Rache an Hollywood, sparte nicht mit galligen Bemerkungen über die Dekadenz seiner Filme und kannte in ihrer Kritik kein Erbarmen. So beschrieb sie zum Beispiel die Schlußszenen von *Tobacco Road* als »langatmig wie die Sterbeszene in *East Lynn*«, und über die Komödie *Come Live With Me* sagte sie, die einzelnen Gags lägen »so weit auseinander wie die Zähne eines Siebenjährigen«. Immerhin bekannte sie, alle Filme mit den Marx Brothers zu mögen – weil sie ganze Marxisten seien!

Joy warf, vielleicht nicht ohne Grund, Hollywood vor, es habe ihre Begabung verkannt. Daß sie öffentlich über die Filmindustrie herzog – etwa mit dem Ausspruch von Oscar Levant, daß »hinter der falschen Flitterwelt von Hollywoods Tonfilmen eine leibhaftige Flitterwelt steckt« –, war dennoch recht unklug. Die Filmindustrie – und insbesondere die MGM-Bosse – waren über die Ichbezogenheit einer Autorin, die sie wöchentlich fünfzig Dollar gekostet und es nicht geschafft hatte, dafür auch nur ein verfilmbares Drehbuch zu liefern, verständlicherweise nicht gerade erfreut.

Louis B. Mayer selbst hat später einmal, auf diese Periode des Filmschaffens zurückblickend, gesagt: »Ich wollte schöne Geschichten, sentimentale Unterhaltung. Kulturell Anspruchsvolle nennen das Schwulst. Meinetwegen, dann eben Schwulst. Was soll an Schwulst schlecht sein? Erst wenn primitive, brutale Leute Schwulst von sich geben, wird er zum Schund.« Bei dieser Zielsetzung muß man sich kaum wundern, daß es einer so ernsthaften Schriftstellerin wie Joy nicht gelang, die richtige Art Drehbuch zu liefern.

1940 kam *Anya* heraus und wurde überall positiv aufgenommen. »Es ist«, schrieb die *Saturday Review of Literature*, »das ausgereifte, glänzend geschriebene Werk eines Menschen von tiefer künstlerischer Einsicht... Miss Davidman verfügt über eine natürliche Begabung, die Dinge frisch und unmittelbar zu sehen, und ein sicheres Gespür für das Auf und Ab menschlicher Gefühle. Besser gesagt, sie kann ausdrücken, was sie sieht und weiß.«

Trotz dieses Erfolgs war Joy fest entschlossen, ihre wahre Berufung im Einsatz für die Sache des Kommunismus zu sehen. Sie wurde Mitglied im »Amerikanischen Schriftstellerverband«, einer zehn Jahre zuvor gegründeten Organisation zum Kampf gegen – unter anderem – »den imperialistischen Krieg und Faschismus... den Chauvinismus der Weißen... die Verfolgung von Minderheiten...« und »den Einfluß bourgeoiser Ideen im amerikanischen Liberalismus« sowie zur Verteidigung »der Sowjetunion gegen die kapitalistische Aggression«.

An Anliegen, für die man sich als Kommunist einsetzen konnte, fehlte es damals nicht. Der Krieg in Spanien hatte 1939 mit dem Sieg der Faschisten schmählich geendet. Aber nun war ein anderer, noch dramatischerer Kampf gegen den Faschismus in Europa ausgebrochen. In leidenschaftlichem Glauben an die Macht des Gedichts stellte Joy für den »Amerikanischen Schriftstellerverband« einen Band antiimperialistischer Kriegslyrik zusammen.

War Poems of the United Nations (Kriegsgedichte der Vereinigten Nationen) enthielt dreihundert Gedichte von hundertfünfzig Schriftstellern, darunter Carl Sandburg, Boris Pasternak und Joys Berater Stephen Vincent Benét. Es war auch eine große Anzahl unbekannter Autoren dabei und mindestens zwei erfundene – Hayden Weir und Megan Coombes-Dawson –, denen Joy für die untervertretene englische Sparte eigene Gedichte untergeschoben hatte.

Die Sammlung enthielt außerdem ein Gedicht mit dem Titel *Last Kilometer* (Der letzte Kilometer) von William Lindsay Gresham. Er war kein besonders begabter Dichter, sollte aber als Romanautor später zu einigem Erfolg kommen. Und zudem war er Joys zukünftiger Mann.

Bill Gresham war 1909 in Baltimore, Maryland, geboren. Da seine Mutter aus einer streng presbyterianischen Familie stammte, wurde er als kleiner Junge getauft, doch im übrigen spielte der Glaube in seinem Leben kaum eine Rolle. »Der Glaube meiner Mutter«, schrieb er später, »war ein Gemisch aus vagem Agnostizismus und Fabianschem Sozialismus. Was mein Vater glaubte, ist mir nie klar gewesen.«

1917 zogen die Greshams nach New York City, wo Bill bis zum High-School-Abschluß im Jahre 1926 in Brooklyn die Schule besuchte. Er war ein begabter, phantasievoller Bursche, doch es fehlte ihm an Ausdauer und Zielstrebigkeit, was er persönlich seinem familiären Hintergrund zuschrieb: »Meine Familie, aus dem Alten Süden kommend, driftete wie Strandgut durch eine industrialisierte Welt, in der sie sich an nichts zu halten wußte, außer an Legenden aus der guten alten Zeit, in der ihre Vorfahren Sklavenhalter und vornehme Leute gewesen waren... Meine Eltern hatten kein geschlossenes Weltbild und konnten mir darum auch keins vermitteln.«

Bill war noch ein Teenager, als seine Eltern sich trennten und er – nun völlig aus dem Gleichgewicht – ins Berufsleben eintrat, ohne jedoch zu wissen, was er wollte. Auf einen kurzlebigen Plan, unitarischer Geistlicher zu werden, folgten die verschiedensten Gelegenheitsarbeiten: Er sang Folksongs in den Nachtclubs von Greenwich Village; trat in das Korps der zivilen Verteidigung ein; jobbte als Bürogehilfe bei der New Yorker *Evening Post*, wo er sich zum Musik-, Film- und Buchrezensenten emporarbeiten konnte; doch schließlich hängte er auch den Journalismus an den Nagel und nahm einen Job als Inserateschreiber bei einer kleinen Werbeagentur an.

Bill heiratete eine wohlhabende New Yorkerin, aber die Ehe scheiterte bald an seinem undisziplinierten, sprunghaften Wesen. Als 1937 sein bester Freund in Spanien bei der Schlacht von Brunete ums Leben kam, meldete er sich kurzerhand als Freiwilliger bei der Abraham-Lincoln-Brigade, die im Kampf gegen Francos faschistische Armee stand. Er war unterdessen Marxist und Mitglied der Kommunistischen Partei der Vereinigten Staaten geworden.

»Ich war fünfzehn Monate in Spanien, ohne auch nur einmal

zum Schießen zu kommen«, sollte er später berichten. »Beim Zusammenbruch der Republik wurden die Internationalen fluchtartig über die Grenze in Sicherheit gebracht. Was mich zu Hause erwartete, war bittere Enttäuschung über den verlorenen Krieg, eine leichte Tuberkulose und der lange Alptraum eines neurotischen Konflikts.«

Angesichts des faschistischen Sieges über den Kommunismus war Bill der Glaube an die hochtrabenden Reden auf den Parteiversammlungen vergangen. Einst so begeisternd, schienen sie ihm nun »wie eine Grammophonplatte, bei der die Nadel stekkengeblieben ist: Immer die gleichen endlosen Debatten darüber, was man tun sollte.«

Noch schlimmer als diese Ernüchterung war für Bill die Unzufriedenheit mit seinem eigenen Leben. Seine Ehe ging in die Brüche: »Ich war allein und hatte nicht einmal mehr Kraft und Mut, auch nur aus dem Bett zu kommen; der bloße Gedanke an irgend etwas, was ich tun sollte, brachte mich in Panik. Es wurde mir klar, daß ich psychisch krank war...«

Er fragte eine befreundete Sozialarbeiterin um Rat. Sie verwies ihn an einen Psychoanalytiker, doch sein Zustand verschlechterte sich, und eines Tages beschloß er, diesem sinnlosen Leben ein Ende zu machen: »Ich hängte mich mit einem Ledergürtel an einem Kleiderhaken auf... Und – ob durch Zufall oder dank dem Eingreifen einer höheren Macht, werde ich in diesem Leben wohl nie erfahren –, jedenfalls kam ich auf dem Boden wieder zu mir. Der Haken hatte sich aus der Wand gelöst... Mein Todestrieb war schließlich an der Realität gescheitert; das Leben hatte gewonnen!«

Bill war sich damals wohl bewußt, wie schlimm es um ihn stand. Er ging zum Psychiater und begann eine Psychoanalyse: »Durch die folgenden Jahre zieht sich unverkennbar das Thema seelischer Heilung, emotionalen Wachstums und des Aufbaus eines normaleren Lebens. Und kontrapunktisch dazu das Thema der Suche nach Gott...«

Diese Suche nahm verschiedene Formen an: Yoga, Meditation und – inspriert durch das Werk des russischen Mystikers P.D. Uspensky – Tarotkartenlesen.

Es war für ihn eine außerordentlich schwierige Zeit: Von der

Tuberkulose her war er körperlich geschwächt; durch die Psychoanalyse brachen tiefsitzende Vorwürfe gegen seine Eltern, gegen sich selbst und gegen seine früheren Ideologien auf; seine geistliche Suche hingegen war kaum mehr als ein zielloses Umherirren von Insel zu Insel im Archipel des Mystizismus. Bei alldem war er jedoch intelligent, geistreich und außerordentlich charmant. Und in diesen komplizierten Charakter verliebte sich Joy.

Die beiden wurden am Sonntag, dem 2. August 1942, in Petersborough, New Hampshire, standesamtlich getraut.

»Hätte Joy systematisch nach dem falschen Lebensgefährten gesucht«, stellt ihr Biograph Lyle Dorsett fest, »sie hätte keinen besseren als William Lindsay Gresham finden können.« Aber es ist unschwer zu erahnen, warum Joy ausgerechnet an Bill geraten war. Er war gutaussehend, groß, schlank, mit dunklen Augen, tiefer Stimme und einer starken sinnlichen Ausstrahlung. Joy dagegen war nicht besonders hübsch – Leute, die sie damals kannten, beschreiben sie als ziemlich pummelig und unweiblich –, darum war es für sie kein geringer Erfolg, die Aufmerksamkeit eines so charmanten jungen Mannes gewonnen zu haben.

Zweifellos entsprachen noch andere Eigenschaften an Bill Joys geheimsten Bedürfnissen: Sein ungebärdiges Temperament, und dazu eine große Verletzlichkeit, kamen ihrer natürlichen Gabe, zu zähmen und zu beschützen, entgegen. Auch hatten sie vieles gemeinsam: die Leidenschaft fürs Schreiben, den Kommunismus und ein starkes soziales Bewußtsein.

Was sie beide damals nicht merken konnten, war, daß sie sich aus zutiefst egoistischen Gründen zueinander hingezogen fühlten. Für Bill bedeutete Joy einen Daseinszweck, einen Anker für sein auf den Wellen treibendes Lebensschiff; und für Joy war Bill die Möglichkeit körperlicher Erfüllung und ein Fluchtweg aus dem Elternhaus.

Bill und Joy zogen in eine kleine Wohnung an der East 22nd Street, und schon begannen die Probleme. Vor allem waren sie ständig in finanziellen Schwierigkeiten. Bill schrieb zwar, doch verkaufen konnte er kaum mehr als hie und da eine Kurzgeschichte, und Joys Arbeit für *New Masses* brachte wöchentlich nur fünfundzwanzig Dollar ein (wovon ein großer Teil für Bills fortgesetzte Psychoanalyse verwandt wurde).

Außerdem fing Bill an zu trinken. Schon früher hatte er zum Alkohol Zuflucht genommen, wenn die Probleme und Sorgen zu riesig erschienen oder wenn ihm das, was der Psychoanalytiker aufdeckte, allzusehr zu schaffen machte. Nun aber wurden die Trinkexzesse immer häufiger und anhaltender.

Bill recherchierte damals für einen Roman über Schausteller und besuchte dazu regelmäßig eine Bar im Dixie Hotel, wo viele von ihnen ein und aus gingen. Doch mit der Zeit wurde der Alkohol dort weit wichtiger als die Recherchen. Er brauchte dafür eine Menge Geld, was sie sich um so weniger leisten konnten, als ihm das Schreiben infolge seiner Trunksucht immer schwerer fiel.

Joy kam zu dem Schluß, daß es so nicht weitergehen konnte. Um Bill etwas weiter von seinen Stammlokalen wegzubringen, verfiel sie darauf, nach Sunnyside im Stadtteil Queens umzuziehen. Doch das einzige, was sie dort zu einem erschwinglichen Mietpreis bekommen konnten, war wieder nur eine kleine, enge Wohnung in einer Gegend, die Bill als einen »Aktenschrank für Menschen« beschrieb.

Dieser unaufhörliche Kampf mit den Schwierigkeiten tat das seine, um ihrer beider Unzufriedenheit mit dem Kommunismus zu vertiefen: »Als persönliche Weltanschauung«, schrieb Bill, »ist der Marxistische Kommunismus ein Schönwetterfreund. Solange man arbeiten und in einem Gefühl von ›Solidarität mit der Masse‹ aufgehen kann, mag er einem die Illusion eines Lebenssinns geben. Er kann einen durch Hunger, ja, durch polizeiliche Mißhandlungen, hindurchtragen. Aber man muß nur in eine persönliche Krise kommen, und der Marxismus läßt einen im Stich. Er bietet dem einzelnen keine moralische Führung in seinen persönlichen Fragen. Hinter seiner Grundmoral – ›gut ist, was der Arbeiterklasse nützt‹ – verbirgt sich eine tiefe Mißachtung des Individuums und seiner Bedürfnisse, es sei denn, seine Nöte ließen sich zu Propagandazwecken aufbauschen.«

Joys Denken bekam eine neue Dimension, als sie schwanger wurde: »In einem der damals populären Sowjetromane ließ eine

Heldin lieber ihr Neugeborenes von einem Nazioffizier erschießen, als ihre Genossen zu verraten. Ich erwartete ein Kind. Und ich wußte, in einem solchen Dilemma würde ich mich anders verhalten und die Genossen Genossen sein lassen. Vielleicht trat damals die Realität in mein Leben, um das, was ich bisher für Realität gehalten hatte, zu ersetzen.«

Am 27. März 1944 kam ihr erstes Kind, David, zur Welt. »Im Blick auf meine moralischen Grundsätze«, so berichtet sie später, »erkannte ich plötzlich, daß mir, falls je das Wohl meines Kindes mit den Interessen der Partei kollidieren sollte, die Partei gestohlen bleiben konnte. Das beunruhigte mich etwas; aber es gibt kein besseres Mittel, als Kinder zu haben, um zu entdecken, wer man wirklich ist, statt wer man zu sein glaubt...«

Im folgenden Jahr schrieb Joy ihre letzte Rezension für *New Masses* und gab ihren Posten bei der Redaktion auf. Am 10. November 1945 wurde ein zweites Kind, Douglas, geboren.

Für Bill brachte die Geburt der beiden Söhne neue Probleme. Er war dabei, die Arbeit an seinem Roman über Schausteller, *Nightmare Alley* (Alptraum-Allee), abzuschließen. Die vielen Unterbrechungen durch zwei kleine Kinder lenkten ihn jedoch vom Schreiben ab, und er begann erneut zu trinken. Zudem machte er eine Bekanntschaft, aus der die erste von mehreren außerehelichen Affären werden sollte. Joy war zutiefst verletzt, doch um der Kinder willen behielt sie ihren Kummer für sich.

Bei diesem Berg von Schwierigkeiten und der Mühsal, in größter Enge ihre Kinder aufzuziehen, blieb Joy wenig Zeit, um selber zu schreiben. Sie trug zu einem Band mit dem Titel *Seven Poets in Search of an Answer* (Sieben Dichter suchen nach einer Antwort) ein paar Anti-Kriegs-Gedichte bei, doch ihre Hauptsorge bestand jetzt darin, einen Tag um den andern im eigenen dramatischen Existenzkampf zu bestehen, nicht, nach ideologischen Lösungen zu suchen. »1946 hatte ich schon zwei kleine Kinder zu versorgen. Mir blieb keine Zeit, mich in der Partei zu engagieren, und ich war froh darüber. Ich sprach kaum mehr von der Partei, und wenn, dann schimpfte ich über sie. Und doch glaubte ich noch immer, aus purer Gewohnheit, daß der Marxismus wahr sei – wirklich nur aus Gewohnheit, denn von göttlicher Hilfe wußte ich noch nichts, und an den

›kontinuierlichen Fortschritt‹ glaubten wir schon lange nicht mehr.«

In dieser Zeit wachsender Ernüchterung entdeckte Joy die Bücher von C.S.Lewis. Dank ihrer Vorliebe für phantastische Literatur fand sie den Zugang zu den Werken eines Schriftstellers, der aus ebendieser Tradition hervorging – Lewis läßt in *Die Große Scheidung* George MacDonald sogar persönlich auftreten – leicht und natürlich.

Auch die *Dienstanweisung für einen Unterteufel* sollte einen starken Einfluß auf ihr Leben haben. Der dämonische Briefwechsel fesselte sie so sehr, daß einige ihrer Lieblingsphilosophien ins Wanken gerieten.

»Dein Mann«, belehrt Screwtape seinen Neffen Wormwood, »hat sich von Kindheit an daran gewöhnt, daß mindestens ein Dutzend widerstreitender Philosophien in seinem Hirn herumtanzen. Diese Lehren sind für ihn nicht ›wahr‹ oder ›falsch‹, sondern ›theoretisch‹ oder ›praktisch‹, ›abgedroschen‹ oder ›zeitgemäß‹ oder ›allgemein anerkannt‹ oder ›unbarmherzig‹. Nicht Vernunftgründe, sondern Schlagworte sind deine besten Verbündeten, um ihn von der Kirche fernzuhalten. Vergeude keine Zeit damit, in ihm den Gedanken zu festigen, daß der Materialismus *wahr* ist. Laß ihn zu dem Schluß kommen, Materialismus sei umfassend oder mutig – er sei die Philosophie der Zukunft. Das ist's, was für ihn zählt...«

Joy begann, ernsthaft über eine Menge Dinge – einschließlich Gott – nachzudenken. Gleichzeitig überredete sie Bill, aus der Stadt wegzuziehen, in der Hoffnung, damit für die unmittelbaren Probleme – Bills Alkoholismus und seine fortgesetzte Untreue – Abhilfe zu schaffen. 1945, kurz nach der Geburt von Douglas, verließen die Greshams New York und übersiedelten in das zwanzig Meilen entfernte Ossining in Westchester County, einem von politisch linksgerichteten Literaten bevorzugten Distrikt.

Es war ein Neuanfang, aber wenn sie auch einige Probleme hinter sich gelassen hatten, waren andere doch zu gravierend, als daß man sie durch einen bloßen Wohnungswechsel hätte lösen können. Das Geld war nun, wo Joy nicht mehr schrieb, noch knapper, und Bills Trunksucht war so schlimm wie eh und je. In seinen Wutausbrüchen konnte es vorkommen daß er Joy oder die Kinder mißhandelte – einmal zerschlug er sogar eine Flasche auf Douglas' Kopf.

»Ich merkte, daß ich das Trinken nicht lassen konnt «, schrieb Bill ein paar Jahre später. »Ich war körperlich abhängig geworden. Und gegen Alkoholismus in diesem Stadium ist Freud machtlos ...« Dabei war Bills Trunksucht nur eines der äußeren Symptome einer noch viel ernsteren Krankheit: Neurotisch und labil, durch die Analyse alles dessen beraubt, woran er geglaubt hatte, stand er am Rand eines totalen Nervenzusammenbruchs.

Es mußte zu einer Wende kommen. Als sie eintrat, war es – zumindest für Joy – nicht weniger als eine Wende zum Glauben. Einer der christlichen Dichter, die Joy (wegen der Schönheit seiner Verse, nicht um seines Glaubens willen) gelesen hatte, war Francis Thompson. In seinem Gedicht »The Hound of Heaven« (Der himmlische Jagdhund) schildert Thompson Gott als einen großen Jagdhund, der ihn unermüdlich durchs Leben verfolgt. »Bei mir«, schrieb Joy, »war Gott eher wie eine Katze. Er hatte mich schon lange belauert und nur auf seinen Augenblick gewartet; er schlich sich ganz leise an – ich merkte nie, daß er da war. Dann, plötzlich, sprang er zu.«

Er tat es an einem Tag im Jahre 1946. Bill war in New York und Joy mit den Kindern allein zu Hause in Westchester. Da klingelte das Telefon. Es war Bill. Er erklärte Joy, er hätte einen Nervenzusammenbruch: »Er sagte, er spüre, wie er den Verstand verliere. Er könne nicht bleiben, wo er sei, und sich auch nicht dazu aufraffen, nach Hause zu kommen ... Dann hängte er ein.«

»Es folgte«, wie Joy berichtet, »ein Tag fieberhaften und erfolglosen Herumtelefonierens. Als der Abend kam, blieb mir nichts anderes übrig, als abzuwarten, ob man ihn bringen würde – tot oder lebendig. Ich brachte die Kleinen ins Bett und wartete. Zum ersten Mal in meinem Leben fühlte ich mich völlig hilflos; zum ersten Mal mußte ich mir eingestehen, daß ich doch nicht ›Herr meines Schicksals‹ und ›Kapitän meiner Seele‹ war. All mein Widerstand – die Wälle der Arroganz und Selbstsicherheit, der Eigenliebe, hinter denen ich mich vor Gott versteckt hatte, fielen in einem Augenblick – und Gott kam in mein Leben.«

Joy spürte, daß jemand mit ihr im Raum war, »eine Person, die so wirklich war, daß mein eigenes Leben im Vergleich dazu wie ein Schattenspiel wirkte. Und ich selbst war so lebendig wie noch nie zuvor; es war so, als sei ich vom Schlaf erwacht.«

Diese Wahrnehmung Gottes dauerte nur ein paar Sekunden. »Als es vorbei war, fand ich mich betend auf den Knien liegen. Ich muß sagen, ich war die überraschteste Atheistin der Welt.«

Wenn ihr später jemand diese Erfahrung als Phantasie einer verzweifelten Gemütsverfassung wegerklären wollte, erwiderte Joy: »Daß ich die Gegenwart Gottes spürte, das war keine tröstliche Einbildung, die aus der Sorge um meinen Mann geboren war. Ich war danach genauso unruhig wie vorher. Nein, es war Schrecken und Hochgefühl, Buße und Wiedergeburt.«

Schließlich kam auch Bill nach Hause. »Er akzeptierte meine Erfahrung, ohne sie in Frage zu stellen. Er war selbst auf der Suche nach etwas Derartigem. Gemeinsam bemühten wir uns, trotz Krankheit und Sorgen, umzudenken.«

Joy und Bill begannen ernsthaft, nach einer religiösen Antwort auf die Fragen zu suchen, die sie schon so lange beschäftigten. Joy wandte sich instinktiv dem Judentum zu, beschloß jedoch bald, auch alle anderen Religionen zu untersuchen. »Die einen hatten Weisheit bis zu einem gewissen Punkt, andere hatten gute ethische Ziele, in manchen leuchteten Strahlen geistlicher Einsicht auf; doch nur eine hatte eine vollständige Erklärung für das Sündenbewußtsein, das die Gnade Gottes wirkt. Und der Erlöser, der sich mir offenbar hatte, den ich unter Zehntausenden wiedererkannt hätte – Er war Jesus.«

Gemeinsam mit Bill begann Joy, Autoren wieder zu lesen, deren Glaubensaussagen sie früher überlesen oder abgelehnt hatten, insbesondere die Schriften von C.S. Lewis. »Seine Bücher«, schrieb Bill, »entlarvten die Seichtheit unserer atheistischen Vorurteile; seine Sicht warf Licht auf das Geheimnis, das hinter den Erscheinungen des täglichen Lebens lag. Wir orientierten uns ständig an seinen Büchern und... nahmen Lewis' klare und anschauliche Darstellung der christlichen Prinzipien zum Maßstab, um die anderen Religionen, die wir studierten, daran zu messen. Sie verblaßten vor dem Christentum, wie rauchende Fackeln vor der Sonne verblassen.«

Im Verlauf dieser intensiven Suche nach Wahrheit mußten schließlich auch die letzten Überreste der marxistischen Weltanschauung in sich zusammenfallen. Joy schrieb später, daß ihr »Kommunismus zusammenschrumpfte wie welkes Laub. Ich kann nicht genau sagen, wann es geschah, doch ich sah hin und merkte, daß er nicht mehr da war.«

Mit dem Erscheinen von Bills Roman *Nightmare Alley* nahm 1946 auch die finanzielle Lage der Greshams eine Wende zum Guten. Die makabre Erzählung (mit ihrem immer wiederkehrenden Motiv der Tarotkarten-Symbole) handelt von einem Alkoholiker, der, um sich das Geld zum Trinken zu verschaffen, in einer Jahrmarktsbude lebenden Hühnern die Köpfe abbeißt.

Der Vorschuß des Verlags reichte gerade aus, um einen Teil der aufgelaufenen Schulden zu begleichen. Doch als kurz nach dem Erscheinen des Buchs die Filmgesellschaft Twentieth Century Fox die Rechte zur Verfilmung kaufte und Bill dafür einen Betrag von sechzigtausend Dollar erhielt, konnten sie endlich etwas aufatmen. Der Film *Nightmare Alley*, mit Tyrone Power und Joan Blondell in den Hauptrollen, ging im folgenden Jahr über die Leinwand. Es war, wie ein Kritiker sagte, ein »bemerkenswert extravagantes Stück«.

Die Einnahmen aus dem Film ermöglichten es den Greshams, ein größeres Haus auf dem Land zu kaufen – einen alten Herrschaftssitz mit weißen Säulen, grünen Fensterläden und einem zehn Hektar großen Grundstück in einer Ortschaft mit dem romantischen Namen Pleasant Plains.

Hier kamen sie etwas zur Ruhe, und Joy genoß das Landleben außerordentlich. Sie baute ihr eigenes Gemüse an und erntete die wilden Erdbeeren und Pilze, die auf dem Grundstück wuchsen. Sie machte sich auch wieder ans Schreiben; ihr zweiter Roman, *Weeping Bay* (Tränenbucht), spielt in einem kleinen Fischerdorf auf der Halbinsel Gaspé in Quebec.

Die Personen in diesem Buch sind voller Leben. Da ist etwa der alte Mann, der für einen Jahrmarkt in der Stadt die Lichtmaschine bedient und nebenher protestantischer Laienprediger ist. Als einer der Fischer sein Mißtrauen gegen Geistliche äußert, antwortet er ihm: »Vielleicht braucht Jesus gar keinen Priester für seine Telefonleitung. Vielleicht weiß der gesegnete Zimmermann, wie man 'nem Menschen 'n Loch direkt mitten ins Herz reinbohrt. Auch schon an sowas gedacht, Bruder?«

Dennoch spielen die Geistlichen des Ortes in der Geschichte von *Weeping Bay* eine große Rolle, vor allem der ehemalige Fischerjunge Abbé Francois-Xavier Desrosiers, der am Schluß des Romans eine Vision von Jesus hat (und sich ihr verschließt):

»...Wieder sprach die Stimme, sie war in seiner Seele so klar wie seine eigenen Gedanken und doch ganz anders: ›Niemand kann zwei Herren dienen‹, sagte sie, ›denn entweder wird er den einen hassen und den andern lieben; oder er wird dem einen anhängen und den andern verachten. Darum wähle.‹

›Habe ich nicht gewählt?‹ wehrten sich Desrosiers' Gedanken verzweifelt, ›ein für allemal, vor langer Zeit?‹

›Nein, wähle jetzt!‹

Einen Augenblick später öffnete Desrosiers die Augen und stand auf... Eine unbändige Freude hatte ihn gepackt, ein Drang, ich weiß nicht was, zu tun, irgend etwas Verrücktes – sein Barett in den Sankt-Lorenz-Strom zu schmeißen und über die Berge zu hüpfen und Luftsprünge zu machen wie ein junger Ziegenbock. Sein Leben stand ihm vor Augen, klar bis in alle Einzelheiten, ein Leben der kleinen Anpassungen, der kleinen Eitelkeiten, der kleinen Ängste. Einen langen Augenblick lang hing er zwischen diesem grauen, verstaubten Leben und dieser erschreckenden Freude in der Schwebe.

In diesem Augenblick verschloß sich Desrosiers seiner Vision. Er sprach die Worte nach, die man ihn gelehrt hatte. Er sagte laut und deutlich: ›Solche Erscheinungen, so lehrt uns die Kirche, sind oft Versuchungen des Teufels.‹ Da fühlte er den Pulsschlag seiner Freude stocken und zitternd ersterben...«

Auch Bill schrieb an einem zweiten Roman, *Limbo Tower* (deutsch etwa: Gefängnisturm der Höllenpein). Er verarbeitete darin Erlebnisse aus dem Lungensanatorium, in dem er sich nach seiner Rückkehr aus Spanien erholt hatte. Seinen Alkoholismus hatte er inzwischen unter Kontrolle. Er selbst schrieb darüber: »Im Frühjahr 1948 bekam ich ernstlich Angst wegen meiner Trinkerei. Und da geschah etwas, was, glaube ich, für den Christen wichtiger ist, als daß er Gott sucht: Gott suchte mich.«

Als Bill gemerkt hatte, daß nichts, nicht einmal ein sicheres Zuhause, Familie und Geld, ihm den Zwang zum Trinken nehmen konnte, war er in Panik geraten. »Eine chemische Veränderung hatte in mir stattgefunden. Trinken war kein Vergnügen mehr; es war bitteres Müssen. Und mein ganzes Wesen war davon vergiftet. Ich war im Rausch immer umgänglich und lustig gewesen. Jetzt wurde ich streitsüchtig und unberechenbar. In der Verzweiflung brach mein Hochmut zusammen, und Gott konnte an mich herankommen; ich gab zu, daß ich dem Alkohol gegenüber ohnmächtig war; ich gab zu, daß meine Persönlichkeit angeknackst war; ich bat Gott, meine Mängel von mir zu nehmen und mir zu helfen, mit dem Trinken aufzuhören. Und ich bekam Antwort auf mein Beten. Bis heute habe ich keinen Alkohol mehr angerührt...«

So schrieb Bill 1950 in einem Beitrag zu einer Artikelreihe in *Presbyterian Life*. Er betrachtete sich damals als Christ.

Joy hatte schließlich ihren Abfall vom Judentum akzeptiert, und damit war für sie »der Rest ziemlich einfach. An der Göttlichkeit Jesu bestand für mich kein Zweifel, und daraus ergab sich Schritt für Schritt die alte christliche Theologie.« Im Sommer 1948 wurden Joy und die beiden Jungen in der Presbyterianischen Gemeinde in Pleasant Plains getauft. Bill, der als Kind getauft worden war, wurde aufgrund seines Glaubensbekenntnisses in die Gemeinde aufgenommen.

Im folgenden Jahr erzählte Joy Oliver Pilat von der *New York Post* ihre Lebensgeschichte. Sie erschien in Fortsetzungen unter dem Titel »Girl Communist: An Intimate Story of Eight Years in the Party« (Junge Kommunistin: Ein persönliches Zeugnis über acht Jahre Mitgliedschaft in der Partei). Am Schluß ihrer Anklage gegen den Kommunismus sagt Joy: Im Fall des Kommunismus »verderben nicht schlechte Menschen eine gute Philosophie..., sondern eine schlechte Philosophie verdirbt viele Menschen, die einmal als außergewöhnlich gute und selbstlose Menschen begonnen haben.«

1951 schrieb Joy »The Longest Way Round« (Der weiteste Umweg), einen Bericht über ihre Bekehrung. Er wurde, zusammen mit den Zeugnissen zwölf weiterer Personen, die zum protestantischen Christentum übergetreten waren, in *These Found the Way* (Sie fanden den Weg) veröffentlicht. Am Schluß ihres Artikels sprach Joy aus, was sie sich für die Zukunft erhoffte: »Ich möchte tiefer in die Erkenntnis der Offenbarung Gottes eindringen, und ich möchte, daß diese Erkenntnis mein Alltagsleben bestimmt. Dazu mußte ich viel Hochmut und Groll überwinden, und meine Fortschritte sind manchmal erbärmlich klein – aber ich denke, durch Gottes Gnade bin ich immerhin auf dem Weg und komme nach seinem Plan vorwärts.«

Der gleiche Band enthielt einen Abdruck des Artikels »From Communist to Christian« (Vom Kommunisten zum Christen), den William Lindsay Gresham für *Presbyterian Life* geschrieben hatte. Darin hatte er über seine Aufnahme in die Kirche geschrieben: »Als Kind in der Episkopalkirche getauft, zum Agnostiker erzogen, der Reihe nach Unitarier, Hedonist, Stoiker, Kommunist, Self-Made-Mystiker, eklektischer Wahrheitssucher, war ich endlich heimgekommen.«

Doch bis *These Found the Way* schließlich erschien, war Bill sich längst nicht mehr so sicher, was er glaubte. Der »eklektische Wahrheitssucher« war wieder unterwegs, auf der Jagd nach neuen Erkenntnissen spielte er mit Scientology, Zen Buddhismus und I Ching und erweckte sein früheres Interesse für Yoga und den Tarot zu neuem Leben. Bills Bekehrung, vielleicht mehr durch Joys Erfahrungen als durch seine eigenen bewirkt, war kurzlebig gewesen.

Eine Zeitlang blieb er wenigstens seinem Vorsatz treu, keinen Alkohol mehr anzurühren. »Wenn ich es je wieder tue«, hatte er geschrieben, »so würde das heißen, daß ich dem Überdruß oder der Angst erlaubt hätte, den Gedanken an Gott auszulöschen.« Seinen Vorsatz, Joy treu zu sein, gab er jedoch schon bald wieder auf.

Bill machte aus seinen Liebschaften kein Geheimnis. Er rechtfertigte sie damit, daß »ein Mann ab und zu seine Batterien wieder aufladen« müsse. Joy aber, die nicht mehr bereit war, seine Seitensprünge hinzunehmen, zog aus dem gemeinsamen Schlafzimmer aus. Das war das Eingeständnis, daß es mit ihrer Ehe so gut wie aus war.

Für sie, die ihr Christsein ernst nahm, war Bills Verhalten eine demütigende Enttäuschung, hatte sie doch gehofft, sie hätten auch gemeinsam ein neues Leben begonnen; nun aber war alles wieder beim alten.

Doch hatte sie eine Quelle kräftigen geistlichen Zuspruchs. Durch die Vermittlung des amerikanischen Schriftstellers Chad Walsh hatte sie 1950 einen Briefwechsel mit dem Manne begonnen, dessen Werk bei ihrer Bekehrung eine so entscheidende Rolle gespielt hatte: C.S.Lewis...

Überrascht von Freude

C. S. Lewis hat einmal gesagt, eines der wesentlichen Merkmale eines glückliches Lebens sei, daß man »fast nie Post bekommt, nie das Anklopfen des Briefträgers zu befürchten braucht«. Wenn das stimmt, könnte Lewis selten glücklich gewesen sein, denn Hand in Hand mit seinem Ruf wuchs auch seine tägliche Korrespondenz.

Manche schrieben, um ihm für seine Bücher zu danken oder, gelegentlich, kritisch dazu Stellung zu nehmen; andere, von seinem sehr persönlichen Stil angesprochen, vertrauten ihm ihre geheimsten Sorgen an und fragten um seinen Rat.

Doch was immer der Grund ihres Schreibens war – eines hatte die Mehrzahl der Schreiber gemeinsam: »Nicht in erster Linie mit *Männern* stehe ich durch meinen riesigen Briefwechsel in Kontakt, sondern mit *Frauen*. Das weibliche Geschlecht ist, ob glücklich oder unglücklich, ob mit einer Sache einverstanden oder nicht, von Natur aus viel schreibfreudiger als das männliche.«

Der wahre Grund lag wohl eher darin, daß viele Frauen in Lewis nicht nur den begnadeten Lehrmeister, sondern darüber hinaus einen höchst begehrenswerten Heiratskandidaten sahen.

Das brachte Jack manchmal beträchtliche Unannehmlichkeiten. Anfang der fünfziger Jahre wurde er wiederholt von einer Frau belästigt, die allen Leuten erzählte, sie sei mit Lewis verlobt und werde ihn demnächst heiraten. Sie trieb es so arg, daß er schließlich nicht einmal mehr ihre Briefe öffnete – was sie jedoch nicht davon abhielt, in den Zeitungen die Vermählung anzukündigen. Schließlich stand sie vor seiner Haustür und mußte gewaltsam weggeschafft werden.

Von solchen Sonderfällen abgesehen, antwortete Lewis allen, die ihm schrieben, auch wenn er sich die Zeit dafür von seiner schöpferischen Arbeit abringen mußte. Natürlich waren die meisten Briefe, die er erhielt, kaum mehr als kurzlebige »Fan-Post«, aber es gab auch Schreiber, mit denen er eine lebenslange Korrespondenz aufrechterhielt. Das zeigen etwa seine posthum veröffentlichten *Letters to an American Lady*.

Doch mußte bei den vielen Briefen, die Lewis erreichten, ein einzelner schon sehr besonders sein, um von den anderen abzustechen. Solch ein besonderer Brief traf am 10. Januar 1950 ein.

»Zuerst dachten wir«, schrieb Warnie Lewis später in sein Tagebuch, »sie wäre einfach ein weiterer Fan aus Amerika, diese Mrs. W.L. Gresham aus der Nähe von New York. Allerdings mit dem Unterschied, daß sie sich mit ihren unterhaltsamen und geistreichen Briefen von der großen Masse abhob.«

Da diese Briefe nicht erhalten geblieben sind, wissen wir nicht, was Joy geschrieben hat und warum Jack und sein Bruder von ihrem ersten Brief so sehr beeindruckt waren. Aber zweifellos hat sie etwas darüber gesagt, welchen Einfluß Jacks Bücher – insbesondere *Wunder*, *Die große Scheidung* und *Dienstanweisung für einen Unterteufel* – auf ihr Denken hatten. »Ohne seine Werke«, hat sie andernorts geschrieben, »würden ich und viele andere wohl noch immer im Dunkeln tappen.«

Es hätte ja sein können, daß Joy »einfach noch so ein amerikanischer Fan« war. Doch hatte sie eine ganze Weile gezögert, Lewis zu schreiben – vielleicht weil es ihr anmaßend vorkam –, und hatte es erst auf Chad Walshs Zureden hin getan. Um so größer muß ihre Freude gewesen sein, als sie von Lewis eine Antwort bekam, die eindeutig mehr war als bloße Höflichkeit.

»Ich habe gerade einen Brief von Lewis erhalten«, schrieb sie an Chad Walsh. »Habe ich Dir nicht erzählt, daß ich ihm zwei oder drei kritische Fragen gestellt habe? Meine Zeit, er hat mir ganz schön den Teppich unter den Füßen weggezogen; jeder Schuß ein Volltreffer. Und, was noch erstaunlicher ist, ich habe es richtiggehend genossen. Von einem solchen Meister der Debattierkunst geschlagen zu werden, nach allen Regeln der Kunst – das scheint mir eines des größten Vergnügen im Leben zu sein, obwohl ich mir das in meinen selbstherrlichen Jugendjahren nie hätte träumen lassen. Ich vermute, daß nur unfaires Argumentieren Wunden hinterläßt. Aber so, wie Lewis das macht, geht es mir wie einem Kunsthandwerker, der sich am Werk eines überlegenen Künstlers freut.«

Dieser eigenartige Ton – Joy gibt sich selbst geschlagen und stellt sich doch auf eine Stufe mit Lewis, wenn sie ihn als einen Handwerker vom gleichen Fach bezeichnet – verrät etwas davon, wie überaus komplex ihre Gefühle für Jack von Anfang an waren. Jack hingegen wird kaum mehr dahinter gesehen haben als einen willkommenen Vorwand, sich auf einen intellektuellen Schlagabtausch einzulassen, wie er es mit seinen Oxforder Freunden gewohnt war. Wie dem auch sei, aus den ersten Briefen zwischen Jack und Joy wurde bald ein regelmäßiger Briefwechsel.

Wahrscheinlich wäre nie mehr daraus geworden, wenn nicht eines gewesen wäre – Joys unglückliche Ehe. Es ist kaum verwunderlich, daß eine Frau in Joys Lage im Briefwechsel mit einem Manne Befriedigung fand, der so viel zu ihrer geistlichen Entwicklung beigetragen hatte, mit dem sie eine Menge Interessen und Überzeugungen teilte und der noch dazu jenseits des Atlantik in romantischer Unerreichbarkeit lebte. Jeder Brief, den sie von Jack bekam, muß die Unzufriedenheit mit ihrem Leben als Frau Gresham vertieft haben. Sie begann sich nach Befreiung zu sehnen.

Eine plötzliche Befreiung von einer Tyrannei ganz anderer Art erlebte zur gleichen Zeit ihr Brieffreund in Oxford. Am 12. Januar 1951 starb Mrs. Moore im Alter von neunundsiebzig Jahren an einer Grippe. »Und so endet«, schrieb Warnie in sein Tagebuch, »die rätselhafte selbstauferlegte Sklaverei, in der Jack seit mindestens dreißig Jahren gelebt hat.«

Obwohl Jack mit Hingabe für das leibliche und seelische Wohl seiner Wahlmutter gesorgt hatte, fiel es Warnie schwer, Mrs. Moore zu verzeihen, daß sie mit ihren dauernden gedankenlosen Forderungen seinen Bruder unaufhörlich bei der Arbeit gestört hatte, vom Studium für die ersten Examen bis hin zum Schreiben der *Dienstanweisung*.

Warnie hat später einmal gesagt, er könne sich nicht erinnern, Jack je länger als eine halbe Stunde an einer Arbeit gesehen zu haben, ohne von ihr unterbrochen zu werden – »Federhalter auf den Tisch, und weg war er, vielleicht für fünf Minuten, vielleicht für eine halbe Stunde; um womöglich nichts Wichtigeres zu tun, als neben dem Herd zu stehen und den Küchenjungen zu spielen. Dann kam er auf einen Sprung zu seiner Arbeit zurück, und schon ging es wieder von vorne los...«

War es, vielleicht unbewußt, die Beziehung zu Mrs. Moore, über die Jack in einem der frühen Briefe Screwtapes an Wormwood geschrieben hatte:

»Du kannst ihn zweifellos nicht davon abhalten, für seine Mutter zu beten, aber wir wissen Mittel und Wege, diese Gebete unschädlich zu machen. Sorge dafür, daß seine Gebete stets voll ›geistlichen‹ Gehaltes sind, daß er sich sehr mit dem Zustand ihrer Seele, aber nie mit ihren rheumatischen Schmerzen befaßt.«

Wenn er das tue, so belehrt Screwtape seinen Neffen, »wird sich seine Aufmerksamkeit stets auf das konzentrieren, was er als ihre Sünden betrachtet. Wenn Du nur ein wenig nachhilfst, wird er darunter alle Handlungen oder Äußerungen seiner Mutter verstehen, die ihm auf die Nerven gehen oder unbequem sind.«

Wie stoisch Jack Lewis das, was ihm an Mrs. Moore nicht paßte oder auf die Nerven ging, auch ertragen hatte, jetzt war es damit vorbei. »Nun gut«, schreibt Warnie, »Gott möge ihr Ruhe schenken, das Kapitel ist abgeschlossen.« Ein neues – und überraschendes – Kapitel sollte beginnen.

Vorher allerdings erlebte Jack noch eine Enttäuschung. Im Februar 1951, einen Monat nach Mrs. Moores Tod, wurde er bei der Wahl an den Lehrstuhl für Dichtung in Oxford mit 194 gegen 173 Stimmen von C. Day Lewis geschlagen. Doch im Juni begann er bereits, die neue Freiheit als wohltuend zu empfinden – und sich deshalb sogar ein wenig schuldig zu fühlen.

»Besonders habe ich Deine Gebete nötig«, schrieb er einem Freund, »denn ich wandere (wie der Pilger bei Bunyan) durch ›ein Gefilde namens Ruhe‹. Äußerlich, und in vielem auch innerlich, geht es mir zur Zeit verdächtig gut.«

Auf *Der König von Narnia*, das 1950 herausgekommen war, folgte eine Fortsetzung, *Prince Caspian* (dt. *Wiedersehen in Narnia*), und schon arbeitete Jack an einem dritten Narniaband, *The Voyage of the Dawn Treader* (dt. *Ein Schiff aus Narnia*). Jack war allerdings zu jener Zeit vom Verkaufserfolg seines ersten Kinderbuchs ziemlich enttäuscht: »Manche Mütter, und erst recht manche Lehrerinnen, finden, die Kinder könnten davon Angst bekommen. Es verkauft sich daher nicht besonders gut. Dabei gefällt es den Kindern, und ich staune, wie gut manchmal schon ganz Kleine es verstehen.«

Neben diesen Kinderbüchern schrieb Jack an einem Beitrag zur englischen Literaturgeschichte, *English Literature in the Sixteenth Century, Excluding Drama*, für die *Oxford History of English Literature* (die sogenannte »O Hell«) und an einem autobiographischen Buch, dem er den Titel *Surprised by Joy* (dt. *Überrascht von Freude*) gab.

Im September 1952 erhielt Jack Lewis eine Einladung von Joy Gresham zu einem Essen im Eastgate Hotel gegenüber dem Magdalen College.

Joy war aus zwei Gründen nach England gekommen: »Ich stand so sehr unter Bills Einfluß«, schrieb sie später dazu, »daß ich räumlichen Abstand von ihm brauchte und einen der klügsten Denker unserer Zeit um Rat fragen mußte.«

Der Druck, unter dem sie lebte, war gewaltig, und es ist verständlich, daß Joy sich schließlich nicht mehr anders zu helfen wußte, als »wegzulaufen«. Da waren Bills fortgesetzte Untreue, die Enttäuschung darüber, daß er so schnell vom Glauben abgekommen war, und immer wieder die finanziellen Sorgen, denn obwohl Bill noch nicht wieder trank, fiel ihm das Arbeiten immer schwerer.

Und ebenso verständlich ist es, daß der Mensch, zu dem Joy Zuflucht nahm, Jack Lewis war. Was von ihrer Liebe zu Bill noch übrig war, lag unter Angst, Wut und Verachtung verschüttet. Kein Wunder, daß sich Joy zu dem gescheiten Mr. Lewis – diesem gesunden und selbstbewußten, scharfsinnigen und unterhaltsamen Mann – hingezogen fühlte.

Joys Reise nach England war durch eine geradezu ironische Verknüpfung von Umständen möglich geworden. Anfang 1952 hatte eine Cousine, Renée Pierce, in wilder Verzweiflung bei ihr angerufen: Sie befand sich auf der Flucht vor ihrem Mann, einem schweren Trinker. Joy und Bill erklärten sich bereit, Renée und ihre beiden kleinen Kinder bei sich aufzunehmen.

Niemand konnte ahnen, welche verheerenden Folgen diese großmütige Geste haben sollte.

Die beiden Cousinen verstanden sich gut, und die Beziehung hatte für beide ihre Vorteile. Renée war vor den Nachstellungen ihres Mannes sicher, da dieser nichts von Bill und Joy wußte; dafür half sie im Haushalt – und nahm Joy viel von dem täglichen Kleinkram ab, der für sie immer eine lästige Unterbrechung ihrer Schreibarbeit war.

Renées Anwesenheit hatte noch eine weitere wichtige Auswirkung auf Joys Leben. Je länger die beiden Cousinen zusammen waren (sie teilten ein Doppelzimmer, da Joy aus Bills Schlafzimmer ausgezogen war), um so mehr fiel Joy ihre Verschiedenheit auf. Während Renée viel auf ihr Äußeres gab und sich stets geschmackvoll kleidete, hatte Joy bis dahin wenig Wert auf Figur und Kleidung gelegt und sich sogar darin gefallen, an ihrem Wohnort im Ruf eines »Originals« zu stehen.

Doch mit der Zeit ließ sich Joy von Renée anstecken; sie verlor eine ganze Menge Übergewicht und begann sich sorgfältiger zu kleiden und zu frisieren. Das Resultat war verblüffend: Nicht nur, daß Joy jünger und hübscher aussah, sie gewann auch eine neue Sicherheit und Selbstachtung.

Die Hausgemeinschaft mit Renée weckte in Joy ein neues Bewußtsein ihrer Weiblichkeit und Sexualität; zugleich gab ihr der Briefwechsel mit C. S. Lewis intellektuelle und schöpferische Impulse. Die Kehrseite dieses neuen Erwachens bestand allerdings darin, daß sie sich ihrer verzweifelten Lage nun erst recht bewußt wurde – der Tatsache, durch die einstige Liebe und ein christliches Pflichtgefühl an einen Mann gekettet zu sein, der offenbar unfähig war, sich zu ändern.

Im Sommer 1952 fragte Joy Renée, ob sie für Bill und die Jungen sorgen würde, damit sie selbst eine Reise nach England unternehmen könnte. Renée sagte zu, und im August schiffte sich Joy nach Liverpool ein. Sie war siebenunddreißig Jahre alt. Als Erklärung für ihre Reise gab sie unter anderem an, sie brauche Zeit und Ruhe, um *Smoke on the Mountain* (dt. *Rauch über dem Berg*) fertig zu schreiben, ein Buch über die Zehn Gebote, das in seiner Gedankenführung stark von Lewis beeinflußt war.

Natürlich zog es Joy mit allen Fasern nach Oxford, aber sie

fuhr zunächst nach London, um eine Brieffreundin, Phyllis Williams, zu besuchen.

Doch noch im gleichen Monat war Joy in Oxford und aß, von Phyllis (vielleicht als Anstandsdame?) begleitet, mit dem Mann, den sie schon so lange kennenlernen wollte, zu Mittag.

Es gibt keinen Bericht über diese erste Begegnung zwischen Jack und Joy. Deshalb kann man nur Spekulationen darüber anstellen, welchen Eindruck die beiden aufeinander machten. Doch offensichtlich hatte Jack Freude an dem Zusammensein, denn in Erwiderung von Joys Gastfreundschaft lud er sie und Phyllis ein, mit ihm und seinem Bruder Warnie im Magdalen College zu speisen.

Aus unbekannten Gründen (vielleicht, weil er über das Tempo ihrer Bekanntschaft beunruhigt war) konnte Warnie seinen Bruder nicht begleiten; so wurde Professor George Sayer, ein Freund und ehemaliger Schüler von Jack, gebeten, das Quartett voll zu machen.

Diese zweite Verabredung muß sehr gut verlaufen sein. Die angeregte Unterhaltung mit Joy und ihre Fähigkeit, andere mit ihrem treffenden, geistreichen Witz zum Lachen zu bringen, machten auf Jack einen starken Eindruck. Nicht, daß Joy ihre sprachlichen Fähigkeiten jemals zu bloßer Effekthascherei hätte spielen lassen. »Sprache war für sie kein Spielzeug«, sagt Chad Walsh, »sondern ein Mittel, mit der größtmöglichen Klarheit und Kraft das zu sagen, was sie sagen wollte. Wer sie nicht mochte, konnte in ihrem Ton vielleicht eine Spur von Arroganz heraushören. Positiver gesagt: Man empfand sie als einen Menschen, der mit Autorität zu reden wußte.«

»Ihr Geist«, schrieb Jack später einmal, »war geschmeidig, flink und sehnig wie ein Leopard. Keine Leidenschaft, keine Zärtlichkeit, kein Schmerz vermochten ihn zu entwaffnen. Er witterte schon den kleinsten Hauch von Heuchelei oder leerem Geschwätz; dann sprang er dich an und warf dich zu Boden, bevor du wußtest, wie dir geschah. Wie viele meiner Hirngespinste hat sie zerrissen! Ich lernte bald, ihr nichts vorzumachen – es sei denn zum Spaß, um... entlarvt und ausgelacht zu werden.«

Bald bewunderte Jack – wenn er sich darüber auch nicht Rechenschaft gab – an Joy die gleichen Eigenschaften, die sie an ihm von allem Anfang an bewundert hatte.

Es dauerte nicht lange, bis Joy eine weitere Einladung zum Lunch im Magdalen College erhielt, bei der sie Warnie und einen oder zwei der Oxforder Freunde kennenlernen sollte. »Ich wußte nicht gleich, was ich von ihr zu halten hatte«, schrieb Warnie vier Jahre später. »Es stellte sich heraus, daß sie Jüdin war oder vielmehr eine bekehrte Christin jüdischer Abstammung, mittelgroß, schlank, mit Hornbrille, außergewöhnlich ungeniert. Als wir uns zum ersten Mal zum Essen im Magdalen College begegneten, fragte sie mich in Gegenwart von drei oder vier Männern, als ob es die natürlichste Sache von der Welt sei: ›Gibt es in diesem Mönchskloster auch irgendwo eine Damentoilette?‹«

Die verblüffende Kombination von gutem Aussehen, scharfem Verstand und Freimütigkeit muß Jacks Freunde einigermaßen überrascht – oder genauer, schockiert – haben. Bis dahin hatten Frauen in ihrem intellektuellen Zirkel nichts zu suchen gehabt. Selbst die Ehemänner unter ihnen, wie Tolkien, hielten ihr Familienleben sorgfältig aus dem Collegeleben und allem, was dazugehörte, heraus. Und nun brach Lewis einfach die Spielregeln, warf das stillschweigende Abkommen über den Haufen und lud eine Frau – nicht irgendeine Frau, sondern diese laute amerikanische Jüdin – in ihre exklusive Männerwelt ein.

Für Jack selbst war es keine kleine Überraschung, daß eine Frau einem Mann überhaupt in irgend etwas ähnlich sein konnte. Doch mit dieser hier konnte man wandern, Bier trinken, Witze erzählen und über intellektuelle Themen diskutieren, bis die Köpfe rauchten. Jahre später, als Jack der Frage nachging, was ihn an Joy so angezogen hätte, sagte er: »Sie war mir... alles, was mir je ein Freund bedeutet hat (und ich habe gute Freunde). Vielleicht noch mehr. Wenn wir uns nie ineinander verliebt hätten, so hätten wir doch immer zusammengesteckt und Ärgernis erregt. Das habe ich damals gemeint, als ich ihre ›männlichen Eigenschaften‹ lobte. Sie wollte davon allerdings nichts wissen und fragte zurück, ob ich es gerne hätte, für meine weiblichen gelobt zu werden...«

Ein paar Monate später schrieb Warnie in sein Tagebuch, daß die Freundschaft zwischen Jack und Joy »rasch wachse«. So rasch, daß Joy über Weihnachten nach »The Kilns« eingeladen wurde. Sie blieb vierzehn Tage, und ihr Besuch war – wenn auch für Jack mit einigen Sorgen verbunden – sehr angenehm. »Die Weihnachtszeit bei den Lewis' war schon ein besonderes Erlebnis«, schrieb Joy an Chad Walsh. »Ein riesiger Truthahn und dazu ein Burgunder aus dem Keller des Magdalen College. Ich stibitzte ein Glas davon für die Soße. Sie hielten das für eine Majestätsbeleidigung – bis sie die Soße probierten…«

Es war für Joy ein Höhepunkt. Jack las das fertige Manuskript von *Rauch über dem Berg* (das Joy ihm gewidmet hatte), gab ihr ein paar nützliche Ratschläge – aber »es gefällt ihm ganz gut, Gott sei Dank« – und versprach, das Vorwort dafür zu schreiben. Er zeigte Joy auch einige seiner Gedichte, die sie »erstaunlich gut« fand, und gab ihr die Korrekturabzüge des OHEL-Beitrags zu lesen, der, wie sie begeistert meinte, »eine Menge Zündstoff enthält«.

Mit Warnie als Drittem im Bund machten sie weite Spaziergänge. Einmal wurden sie dabei von einem Platzregen überrascht; Joy bekam Blasen an den Füßen, und »Jack und Warnie mußten mich das letzte Stück förmlich nach Hause schleifen. Aber es hat riesigen Spaß gemacht!« Sie besuchten die besten Pubs (»Eines Tages werde ich auch so was in Oxford eröffnen«), gingen in eine Weihnachtsvorstellung (»bei der wir alle begeistert über die ältesten Witze lachten und die Refrains der Lieder mitsangen«) und bestaunten die üblichen Sehenswürdigkeiten von Oxford.

Joy war ganz hingerissen von dieser »liebenswerten Stadt mit ihren verträumten Türmen«, ihren alten Colleges und engen Gassen. Sie erzählte ihren Freunden von der Geschäftigkeit der High Street, der Stille des Tierparks, von der geordneten Schönheit des Botanischen Gartens am Ufer des verschlafenen Cherwell. »Ich habe mich bis jetzt noch nirgends so heimisch gefühlt wie in Oxford…«

Von Jack bekam sie ein ganz besonderes Weihnachtsgeschenk: Ein Exemplar des *Diary of an Old Soul* (Tagebuch einer alten Seele) von George MacDonald, einem Autor, den sie beide verehrten. Das Buch war, am 27. April 1885, von MacDonald signiert; Jack hatte darunter eingetragen: »Später: Von C.S. Lewis an Joy Davidman, Weihnachten 1952«.

Sie verbrachten, wie Warnie schrieb, »viele glückliche Tage zusammen« und spürten alle drei, wie sehr ihre Freundschaft gewachsen war. Für Joy allerdings entwickelte sich aus der Freundschaft mit Jack etwas, das viel tiefer ging. War sie früher in den Gedanken verliebt gewesen, in Lewis verliebt zu sein, so war sie es nun in ihn selbst.

Jack hingegen merkte offenbar nicht, was Joy für ihn empfand. Vielleicht hätte er voraussehen müssen, wie leicht sie seine Freundlichkeit mißverstehen konnte; aber er hatte wenig Erfahrung mit Frauen – und schließlich war Joy eine verheiratete Frau. Selbst wenn sie ihm von ihren Schwierigkeiten mit Bill erzählt hatte, konnte er nicht ahnen, wie schlimm es wirklich zwischen ihnen stand. Das erfuhr er erst am Schluß von Joys Aufenthalt in »The Kilns«, als die Zeit ihrer Rückkehr nach Amerika nahte.

Joy hatte von Bill einen Brief erhalten. Es war ein langer, konfuser Brief, doch ließ er keinen Zweifel darüber, was Bill wollte. »Renée und ich«, schrieb Bill, »lieben uns seit etwa Mitte August. Wenn unsere Liebe nicht gewesen wäre, hätte ich den Sommer wohl kaum durchgestanden, denn finanziell geht es uns dreckig.«

Obwohl sich Joy und Bill während Joys Abwesenheit etlichemal geschrieben hatten, war dies die erste Andeutung darauf, daß Bill eine neue Liebschaft hatte – und diesmal nicht mit irgendeiner Frau, sondern ausgerechnet mit der Cousine, der sie Heim und Freundschaft geboten hatte.

Joy ihrerseits hatte in der Zwischenzeit beschlossen, noch einmal zu versuchen, ihre Ehe zu retten. Am Ende des Kapitels über das Gebot »Du sollst nicht ehebrechen« in *Rauch über dem Berg* hatte sie geschrieben: »Wir müssen deshalb vergessen, welchen Nutzen wir eigentlich aus der Ehe ziehen wollen, und uns mit dem beschäftigen, was wir geben sollen. Wir müssen unsere ganze Nächstenliebe, unsere ganze Geduld, unser ganzes Gerechtigkeitsgefühl und unseren ganzen Mut in unser Zusammenleben legen, damit es eine treue Ehe wird und sie nicht in Ehebruch ausarten kann.«

Und da hielt sie nun einen Brief ihres eigenen Mannes in der

Hand, in dem es hieß: »Ich glaube zu verstehen, was Du Dir im Blick auf unsere Ehe vorgenommen hast. Du möchtest sie wieder in Gang bringen, wenn Du nach Hause kommst. Aber meiner Meinung nach sind solche Entschlüsse bloß Menschenopfer auf dem Altar der Willenskraft. Wenn in einer Beziehung zwischen Mann und Frau die körperliche Anziehungskraft erloschen ist, dann kann alle gute Kameradschaft der Welt sie nicht wieder entfalten, und zwischen uns beiden besteht sie schon seit Jahren nicht mehr.«

Er schlug ihr die Scheidung vor und meinte, sie könnte doch vielleicht »irgendeinen flotten Typ« heiraten, und dann könnten sie, wenn auch er erst mit Renée verheiratet sei, in derselben Gegend wohnen, und »die Gresham-Kinder hätten Mama *und* Papa in der Nähe«. Bill schloß diesen bizarren Vorschlag mit der folgenden Verharmlosung: »Natürlich bleibt noch die Frage, ob Du bereit bist, diese Lösung zu akzeptieren.«

Joy fragte umgehend Jack um Rat. Wie vertraut ihm diese Situation war! Hatte er nicht Dutzende von Briefen bekommen, die anfingen: »Lieber Herr Lewis, ich habe mit zwanzig einen Mann geheiratet, den ich nicht liebte«? Sein Rat jedoch war vielleicht überraschend: Er empfahl ihr, sich von Bill scheiden zu lassen.

Im Januar 1953 fuhr Joy nach Amerika zurück. »Als sie abreiste«, schreibt Warnie, »trennten wir uns mit allseitigem Bedauern und der aufrichtigen Hoffnung, daß wir uns einmal wiedersehen würden.« Und sie sollten sich wiedersehen, sogar sehr viel schneller, als einer von ihnen vorausahnte.

»Der Herr ist mein Hirte!«

»Es gibt viele Formen von Ehebruch«, heißt es in *Rauch über dem Berg*. »Alle diese Methoden laufen in Wirklichkeit auf das gleiche hinaus: auf ein Verderben des Herzens, auf eine Zerstörung des Zuhause, auf ein Ende der Liebe…«

Nur ein paar Monate nachdem sie diese Worte geschrieben hatte, erlebte Joy ihre Wahrheit am eigenen Leib. Als sie im Januar 1953 nach New York zurückkam, wurde sie von Bill, der wieder trank, mit heftigen Auftritten empfangen: »Bill hat mich zur Begrüßung ein wenig durchgeprügelt… Zwei Tage nachdem er mich halb erwürgt hatte, fragte er mich allen Ernstes: ›Hast du je erlebt, daß ich brutal oder ausfallend geworden bin?‹«

Der Kontrast zwischen dem Glück ihres Englandaufenthalts und der Misere, die sie zu Hause erwartete, hätte kaum größer sein können. So sah sie schließlich ein, daß sie die Hoffnung begraben mußte, ihre Ehe zu retten, und erklärte sich mit der Scheidung einverstanden.

Das Verfahren mußte jedoch eine ganze Weile aufgeschoben werden, weil nicht genug Geld da war, einen Anwalt zu bezahlen. Schließlich reichte Bill in Miami die Scheidungsklage ein. Sie lautete auf böswilliges Verlassen und Zerrüttung.

Unterdessen war Renée aus New York abgereist, um in Florida die Scheidung von ihrem Mann zu beantragen. Diese wurde im folgenden Jahr ausgesprochen, und am 5. August 1954 – noch am selben Tage, an dem auch die Scheidung der Greshams rechtskräftig wurde – heiratete sie Bill.

Joy begann – nachdem sie einmal eingewilligt hatte, sich von Bill zu trennen – ihr neues Leben zu planen. Sie hätte irgendwo in Amerika frisch anfangen können, beschloß jedoch, nach England zurückzukehren und David und Douglas mitzunehmen.

»Ich bin ganz englandsüchtig geworden«, hatte sie bereits von England aus geschrieben, »und kann es kaum abwarten, mich hier niederzulassen.«

Sie reisten mit der M.S. *Britannia* der Cunard Linie, erreichten Liverpool im November 1953 und fuhren von da mit der Bahn nach London, wo sich Joy im Avoca House Hotel im Belsize Park einmietete.

Doch schon begannen die ersten Schwierigkeiten. Bill hatte sich verpflichtet, Joy für die Kinder einen Unterhaltsbeitrag von wöchentlich sechzig Dollar zu zahlen, und hatte versprochen, der erste Scheck werde sie bei ihrer Ankunft in London erwarten. Aber der Scheck war nicht da, und es vergingen weitere fünf Wochen, bis er endlich kam.

Joy wußte kaum, wie sie sich und die Jungen durchbringen sollte. Auch war es äußerst schwierig, eine Wohnung zu finden, wo Kinder erlaubt waren. Schließlich überließ aber die Hotelinhaberin Joy eine möblierte Wohnung in einem Nebengebäude auf der andern Straßenseite. Sie hatte zwei große Zimmer und sogar einen Konzertflügel und einen Garten. Wäsche und Reinigung wurden besorgt, aber Badezimmer und Toilette mußten mit anderen Mietern geteilt werden, und die Mahlzeiten wurden im Hauptgebäude eingenommen. Immerhin hatten sie nun ihre eignen vier Wände; und Joy konnte in einem Brief an Bill schreiben: »Der Herr *ist* wirklich mein Hirte!«

David und Douglas begannen das neue Leben mit gemischten Gefühlen. David fühlte sich in England von Anfang an nicht wohl, während Douglas das Ganze als eine Art Abenteuer auffaßte, das ebensowohl gut wie schlecht ausgehen konnte. Doch alle beide vermißten ihren Vater, Renées Kinder und Renée selbst, an der sie seit dem Englandaufenthalt ihrer Mutter sehr hingen. Es war für sie nicht leicht, so aus allem herausgerissen und in ein fremdes Land versetzt zu werden. Daß Joy darauf bestand, sie auf eine private Internatsschule zu schicken, machte die Sache nicht einfacher. Nachdem Joy einige solcher Schulen besichtigt hatte, entschied sie sich für Dane Court, eine Vorbereitungsschule in Pyrford, Surrey, die ihr einer von Jacks Freunden, Roger Lancelyn Green, empfohlen hatte, dessen Söhne bereits dort waren.

Die Schule war teuer, und weder David noch Douglas fühlten sich dort besonders glücklich, doch für Joy war es eine Möglichkeit, den Jungen eine gute Grundlage fürs Leben zu vermitteln. »Was sie einmal werden wollen«, schrieb sie an Bill, »ist ihre Sache; nur sollen sie die charakterlichen und schulischen Voraussetzungen haben, um ihrer Wahl gerecht zu werden.«

Anfang Dezember nahm Joy die Jungen zu einem viertägigen Besuch in »The Kilns« mit nach Oxford. Jack schrieb darüber an einen seiner zahlreichen Brieffreunde: »Letzte Woche war eine Dame aus New York mit ihren zwei Buben bei uns zu Besuch. Kannst Du Dir zwei verknöcherte alte Junggesellen in solch einer Situation vorstellen? Aber es klappte hervorragend, obwohl es sehr, sehr anstrengend war; die Energie kleiner Amerikaner ist in der Tat erstaunlich. Für diese beiden war ein Querfeldeinmarsch von fünf Kilometern nur ein Zwischenspiel in einem Tag ununterbrochener Aktivität, und als wir mit ihnen auf dem Turm im Magdalen waren, sagten sie, kaum daß sie wieder auf dem Erdboden standen: ›Gehn wir nochmal!‹«

In ihrem Brief an Bill berichtet Joy über diesen Besuch: »Die Lewis' waren begeistert von den beiden.« Sie schildert auch die Ausflüge, die nach Jacks Aussage so anstrengend gewesen waren: »Jack wurde wieder ganz Schuljunge und stürmte mit den Jungen voraus, immer dorthin, wo das Gestrüpp am dornigsten, der Matsch am größten und die Böschungen am steilsten waren. Warnie und ich zuckelten hinterher und kamen uns schrecklich alt vor.« David lernte Schach spielen – »er hat es auf Anhieb begriffen und sich ganz gut geschlagen«, während Douglas sich nützlich machte und »riesige Ladungen Brennholz« für die offenen Kaminfeuer sägte, die den Jungen und ihrer Mutter sehr viel besser gefielen als die amerikanischen Zentralheizungen.

»Sie sind durchaus keine Musterknaben«, schrieb Jack, »aber nach unseren Maßstäben sind sie erstaunlich weit; man kann sich mit ihnen unterhalten wie mit ›Erwachsenen‹ – und im nächsten Augenblick balgen sie sich auf dem Stubenboden herum wie junge Hunde.«

Für den gerade achtjährigen Douglas (er hatte seinen Geburtstag in einem Sturm mitten auf dem Nordatlantik gefeiert), war die Begegnung mit Jack ein großes Erlebnis, wenn auch (zuerst) weniger spektakulär, als er erwartet hatte. »Mein erster Eindruck«, erinnerte er sich später, »war enttäuschend, denn wenn man acht Jahre alt ist und Bücher über drachentötende Prinzen gelesen hat, dann muß doch der Mann, der sie geschrieben hat, zumindest Schwert und Rüstung tragen, und das tat Jack nicht. Er ging ziemlich vornübergebeugt und hatte unter dürftigem Haar ein ausgeprägtes, humorvolles Gesicht; er sah aus wie ein gütiger, freundlicher alter Mann, aber mit der Vorstellung von einem Mann, der Heldensagen schrieb, paßte er nicht zusammen. Die Enttäuschung dauerte jedoch nur etwa fünf Minuten...«

Im Korridor von »The Kilns« entdeckte Douglas einen mächtigen dunklen Eichenschrank. Kaum wagte er zu glauben, daß es wahr sein könnte, als er Jack fragte, ob das *der* Schrank sei – worauf der alte Mann mit einem Augenzwinkern meinte: »*Wer weiß!*« Der Glaube an den Zauber war wiederhergestellt, und es dauerte, wie Douglas sagt, »Jahre, bis ich mich getraute, einen Mantel in diesen Schrank zu hängen.«

Kurz zuvor war ein neues Abenteuer von Narnia, *The Silver Chair* (dt. *Die Tür nach Narnia*), herausgekommen, und eben hatte Jack den fünften Band der Serie beendet. Das Manuskript dieses neuen Bandes, *The Horse and His Boy* (dt. *Der Ritt nach Narnia*), gab er den kleinen Besuchern zum Lesen. Als es 1954 erschien, war es »David und Douglas Gresham« gewidmet.

Joy genoß vor allem die ausgiebigen Gespräche, zu denen sie genausoviel beizutragen hatte wie Jack. Beide hatten Interessengebiete, in denen sie dem andern – wo nicht intellektuell, so doch an Erfahrung – überlegen waren. Zu Jacks umfassendem Wissen über Sprache, Literatur und christliche Lehre kamen Joys Kenntnisse in moderner Dichtung und Politik, um nur einige der vielen Gesprächsthemen zu nennen, die Joy noch dadurch bereicherte, daß sie Jack die Unterschiede zwischen den Kulturen Englands und Amerikas erläuterte.

Der Besuch ging zu Ende, und die Freunde trennten sich. Allen, außer Warnie, stand ein neuer Lebensabschnitt bevor.

Für Joy begann die Realität eines Lebens als alleinstehende Frau und Mutter. Vor ihrer Abreise von Amerika hatte sie ihrem Freund Chad Walsh gesagt, ein Grund, daß sie nach England gehe, sei, daß »es dort viel billiger ist zu leben und ich mich mit dem, was Bill zahlen kann, leidlich durchbringen werde.« Ihre finanzielle Situation machte ihr allerdings damals schon Kummer, und sie fügte hinzu: »So wie ich ihn kenne, zweifle ich sehr daran, ob er lange zahlen wird.« Ihr Vorgefühl hatte sie leider nicht getäuscht. Schon nach kurzer Zeit wußte Joy nicht mehr, wie sie die Wohnungsmiete (wöchentlich 12 Guineen, ca. 85 DM) aufbringen sollte, vom Schulgeld für die Jungen ganz zu schweigen.

Für David und Douglas begann im Januar 1955 die Schule in Dane Court. Besonders Jack konnte den beiden wohl nachfühlen, wie ihnen zumute war, denn er selbst trat, nach beinahe dreißig Jahren in Oxford, eine neue Stelle als Professor für Literatur des Mittelalters und der Renaissance im Magdalene College in Cambridge an.

Kurz vor seinem Weggang von Oxford schrieb er einem Freund: »Ich glaube, ich werde mich im Magdalene wohler fühlen als im Magdalen. Es ist ein ganz kleines College (architektonisch ein Schmuckstück), und alle sind dort so altmodisch und gottesfürchtig und friedlich und konservativ – ganz anders als dieses linksgerichtete, atheistische, zynische, hartgesottene riesige Magdalen. Vielleicht werde ich dort das *enfant terrible* sein, nachdem ich hier die ›alte Moraltante‹ gewesen bin. Schön ist, daß ich weiterhin unter Maria Magdalenas Obhut stehe; sie wird mich nach dieser langen Zeit in meiner Art wohl besser verstehen als jemand ganz Fremdes, meinst Du nicht?«

Vielleicht schlug er jedoch diesen Ton nur an, weil er hoffte, dadurch sich selbst und alle andern davon zu überzeugen, daß ihm der bevorstehende Wechsel nichts ausmache. Joy bekam einen anderen und wahrscheinlich zutreffenderen Eindruck von seiner Verfassung: »Armer Kerl!« schrieb sie, »er leidet Nöte und Schmerzen wie ein Junge, der demnächst auf eine neue, schreckliche Schule gehen soll. Er läuft umher und jammert: ›Oh, ich Narr! Ich hatte ein gutes Zuhause und gehe weg!‹ und zieht dabei pathetisch die Mundwinkel nach unten. Er tut immer so, als ob er nur Spaß machte, aber es ist natürlich ein echter Schmerz, nach dreißig Jahren von einem Ort wie Magdalen wegzugehen; ähnlich wie eine Scheidung, denke ich... Das College in Cambridge ist zwar ganz nett, aber bei weitem nicht so schön; und gerade hat mir Lewis geschrieben, daß es dort nach dem Essen nur *ein* Glas Portwein gibt, statt *drei* wie im Magdalen!«

Jack besuchte Joy ein paarmal in London. Doch wenn er auch an der neuen Stelle in Cambridge (wie er sagte) »für viel mehr Geld viel weniger arbeiten« mußte, so war andererseits das allwöchentliche Hin- und Herpendeln zwischen zwei Wohnorten eine zeitraubende Sache.

Joy merkte immer mehr, wie schwierig es war, auf sich selbst gestellt zu sein. Die finanzielle Not fesselte sie manchmal zehn, zwölf Stunden hintereinander an die Schreibmaschine, so daß sie kaum Gelegenheit hatte, Freunde zu finden und aus ihrer bedrückenden Einsamkeit herauszukommen.

Ihr Charakter und ihre Vorgeschichte machten es ihr ohnehin nicht gerade leicht, einen neuen Bekanntenkreis aufzubauen. Doch hatte sie sich zum Glück mit einem oder zwei von Jacks Freunden anfreunden können – besonders mit June und Roger Lancelyn Green und mit Reverend Dr. Austin Farrer und seiner Frau Katherine.

1955 erschien die englische Ausgabe von *Rauch über dem Berg*. Die wenigsten Leser konnten allerdings ahnen, wie sehr einige Teile des Buches selbsterlebt und -erlitten waren. »...Es gibt Ehen, die Gott selber scheidet – wenn ein Ehepartner verschollen ist oder den anderen verlassen hat, wenn Leib und Seele gefährdet sind, wenn es gilt, Kinder um jeden Preis vor einem gewalttätigen Elternteil zu schützen.«

Jack hatte zu diesem Buch das Vorwort geschrieben und darin (nebst dem Hinweis, daß Joys amerikanisches Englisch »in Wortschatz und Ausdrucksweise manchmal von unserem abweicht«) hervorgehoben, wie besonders berufen die Autorin sei, über das Thema der Zehn Gebote zu schreiben: »In gewisser Hinsicht ist der bekehrte Jude der einzige ›normale‹ Mensch auf dieser Welt. Ihm vor allen anderen sind die Verheißungen gegeben, und er hat sie auch angenommen. Wenn er Abraham seinen Vater nennt, so kann er dies sowohl aufgrund seines ererbten Rechts, als auch dank der Gnade Gottes tun. Er hat den ganzen Heilsplan ordnungsgemäß übernommen, so, wie er ursprünglich gemeint war; die Mahlzeit so gegessen, wie sie auf der Speisekarte steht. Alle anderen Menschen sind in dieser Hinsicht Spezialfälle, mit denen Gott nach Notstandsgesetzen verfährt...«

Dank Lewis' Namen fand *Rauch über dem Berg* in England eine recht gute Aufnahme; es wurden dreitausend Exemplare verkauft (gegenüber der Hälfte in Amerika), doch die Tantiemen gingen nur spärlich ein, und Joys finanzielle Lage war nach wie vor verzweifelt.

Die Brüder Lewis taten, was sie konnten, um zu helfen. Joy tippte für Jack Manuskripte und stellte für eins von Warnies Büchern über die französische Geschichte des 17. Jahrhunderts einen Index zusammen. Doch bald mußte Jack ihr darüberhinaus mit Geld aushelfen, und als Bill zu zahlen aufhörte, übernahm er das Schulgeld für die Jungen.

Manche haben Joy verdächtigt, sie hätte Jack unter Druck gesetzt, sie finanziell zu unterstützen, doch bei seinem Charakter ist es wahrscheinlicher, daß er sich ihrer Not einfach aus christlicher Nächstenliebe annahm. In einem Brief an jemand, der ebenfalls auf finanzielle Hilfe von Freunden angewiesen war, schreibt er: »Wir sind alle untereinander Glieder und müssen lernen, zu nehmen wie zu geben... Liegt der geistliche Wert des Geldannehmenmüssens nicht gerade darin, daß es uns die totale Abhängigkeit, in der wir ohnehin ständig leben, greifbar nahebringt?«

Im Sommer 1955 nahm Jack noch eine weitere Verantwortung für Joys Ergehen auf sich. Er schlug ihr vor, nach Oxford umzuziehen, und verschaffte ihr, nur eine Meile von »The Kilns« entfernt, eine passende Wohnung, für die er es sich nicht nehmen ließ, auch die Miete zu bezahlen. Im August zog Joy mit den beiden Jungen an der Old High Street 10 in Headington ein.

»Sie und Jack sahen sich jetzt täglich«, hat Warnie ein paar Jahre später geschrieben und hinzugefügt: »Es war nun offensichtlich, was kommen mußte.«

Auch für Chad Walsh, der Joy in Oxford besuchte, »lag Heirat in der Luft«. Aber wie weit die Beziehung zwischen Jack und Joy zu jener Zeit tatsächlich gediehen war, ist schwer zu sagen.

Es ist unwahrscheinlich, daß Jack in irgendeiner für ihn einsichtigen Weise in Joy verliebt war; sie andererseits war zweifellos sehr verliebt in ihn, und wenn manche Leute recht haben, war es bei ihr beschlossene Sache, Jack, komme, was wolle, zu heiraten.

Eine Heirat war ja jetzt keine Unmöglichkeit mehr – als Joy nach Oxford umzog, war die Scheidung von Bill vollzogen und Bill bereits wieder verheiratet –, nur hatten Jack und Joy natürlich beide sehr strenge Vorstellungen darüber, wie sich ein Christ unter solchen Umständen zu verhalten habe. Joy hatte es in *Rauch über dem Berg* so geschrieben: »Das Gebot unseres Herrn über die Ehe ist so scharf und gerade wie ein Schwert. Deine Frau ist ein für allemal deine Frau, sagt er; du kannst sie nicht wegschicken, außer wenn sie die Ehe bricht (und selbst diese Ausnahme steht nur in einem der Evangelien). Und eine geschiedene Frau begeht Ehebruch, wenn sie wieder heiratet.«

Aber was immer Joy geschrieben hatte und was immer sie beide glaubten – bei Außenstehenden entstand der Eindruck, daß aus ihrer Beziehung langsam mehr wurde als bloße Zuneigung. Joy schloß in Oxford eine oder zwei Freundschaften (besonders eng war diejenige mit Katherine Farrer), doch da ihre Freunde auch Jacks Freunde waren, wurden die beiden unweigerlich immer zusammen gesehen und von anderen für ein Paar gehalten.

So war schon einiger Klatsch im Umlauf, als Jacks Autobiographie *Surprised by Joy* (dt. *Überrascht von Freude*) herauskam. Und wenn auch Jack selbst die doppelte Bedeutung des Titels offensichtlich entgangen war, so gab es doch genug Leute, denen sie in die Augen sprang, und in Oxford ging der Ausspruch um, daß Lewis *wirklich* »überrascht von Freude« sei.

Mit wachsender Freundschaft fragte Jack Joy immer häufiger nach ihrer Meinung zu dem, was er schrieb, und begann, auf ihre Kritik zu hören. Joy wußte zwar, daß sie »nicht ein Zehntel so gut schreiben konnte wie Jack«; dennoch fühlte sie sich durchaus fähig, »ihm zu sagen, wie er beim Schreiben noch mehr er selbst sein könne«. Sie hatte seine Autobiographie mit ihm gelesen und besprochen und tat dies auch mit dem neuen Buch, an dem er arbeitete. Jack erklärte sehr herzlich (und in diesem Stadium der Beziehung wahrscheinlich ohne alle Hintergedanken), ihr Rat sei ihm unentbehrlich. Das Buch war eine Nacherzählung der Legende von Amor und Psyche; der Titel, *Bareface* (Nacktgesicht), den Lewis ihm ursprünglich gab, wurde zu *Till We Have Faces* (Wörtlich: »Bis wir Gesichter haben«, dt. Titel *Du selbst bist die Antwort*) abgeändert, weil der Verleger fand, der vorgeschlagene Titel klinge allzu sehr nach einem Western!

Viele betrachten *Du selbst bist die Antwort* als Lewis' bestes Buch (wiewohl es im Stil völlig anders und darum mit keinem von Lewis' übrigen Werken vergleichbar ist). Und seine Hauptfigur, Psyches Schwester Orual, zeigt eine deutliche Ähnlichkeit, wenn nicht geradezu Übereinstimmung, mit Joy Davidman. Roger Lancelyn Green und Walter Hooper schreiben dazu: »Oruals geistiger Weg entspricht Joys Pilgerschaft von ihrer jüdischen Herkunft über Atheismus und Kommunismus bis zu ihrer Bekehrung zum Christentum. Sie gleicht, in einem gewissen Sinne, auch äußerlich Joy, der nicht besonders gutaussehenden Frau mittleren Alters, mit der Lewis lange Zeit beinah wie mit einem seiner männlichen Freunde umgehen konnte...«

Eine der männlichen Hauptfiguren in diesem Roman hat zu Orual genau dieselbe Beziehung. Anfänglich ist es nur eine tiefe (doch asexuelle) gegenseitige Zuneigung, doch für Orual wird daraus eine große Liebe, die von ihm allerdings bis zum Schluß nicht erwidert wird.

In seinem Buch *The Four Loves* (dt. *Was man Liebe nennt*) sollte Jack noch näher auf diese Problematik eingehen: »Freundschaften sind – und waren in den meisten Gesellschaften und zu fast allen Zeiten – Beziehungen zwischen Männern und Männern oder zwischen Frauen und Frauen. Die Geschlechter begegnen einander in Zuneigung oder Eros... aber selten treffen sie sich in der Kameradschaft, die bei gemeinsamen Aktivitäten wächst und die Voraussetzung für eine Freundschaft schafft... Wo jedoch Männer und Frauen Seite an Seite arbeiten, wie etwa in meinem Beruf oder unter Missionaren, Schriftstellern und Künstlern, sind Freundschaften nichts Außergewöhnliches.«

Anschließend kommt Lewis auf eine Schwierigkeit zu sprechen, die sich aus einer engen Freundschaft zwischen Partnern verschiedenen Geschlechts ergeben kann: »Was der eine als Freundschaft anbietet, kann vom andern fälschlicherweise als

Eros verstanden werden, und das ist schmerzlich und peinlich. Oder was als gegenseitige Freundschaft beginnt, kann zu Eros werden.« Lewis hat in den verschiedenen Stadien seiner Beziehung zu Joy jede dieser beiden Möglichkeiten selbst erlebt.

Doch vorderhand kämpfte Joy weiterhin mit ihren Schwierigkeiten. Im Oktober 1955 berichtete Bill, er habe eine feste Stelle gefunden. Joy antwortete ihm, sie sei darüber »um deinetwie um meinetwillen« froh. Ihr Brief geht mit einem zwanglosen Bericht über die Familie weiter: »Doug ist im Junioren-Fußballteam, sie haben ein Spiel gewonnen; Davy schreibt sich mit Professor Tolkien über Runen; Warnie hat *Monster Midway* (Bills neustes Buch über Schausteller) mit Vergnügen gelesen, wennschon er die Schaubudenwelt eher gräßlich findet…« Doch zum Schluß kommt sie noch einmal auf das dornenvolle Thema »Geld« zurück.

Joy machte Bill umißverständlich klar, daß sie zwar seine finanziellen Schwierigkeiten verstehe, aber trotzdem »umgehend Zaster« brauche, und fügte hinzu: »Ich habe *nicht* im Sinn, mit ausgestreckter Hand zu Jack zu gehen. Einmal genügt. Also, tu das Deine!«

Bill antwortete mit einer kleinen Überweisung. Zur Bestätigung, daß sie das Geld erhalten hatte, schrieb Joy: »Nun, jedes bißchen ist eine Hilfe; ›*Mercy drops falling around me*‹ usw. ›*but O for the showers I need*‹ (»Gnadentröpfchen fallen auf mich herab, doch oh, wo bleiben die Ströme, dich ich brauche«; Refrain eines bekannten amerikanischen Kirchenliedes). Es fällt mir auf, daß Du nicht sagst, wieviel Du verdienst; ich denke, es müssen mindestens 100 Dollar die Woche sein, wahrscheinlich mehr. Ich weiß, daß Du noch andere Verpflichtungen hast, aber setz mich doch bitte nicht an den Schluß Deiner Liste.«

Um Bill ihre Lage zu veranschaulichen, schrieb ihm Joy, daß sie sich nicht einmal Kohlen für den Kamin leisten könnten. »Ja nun, jetzt habe ich für ein Pfund alte Bohlen gekauft – die teerimprägnierten Holzbohlen der Londoner Straßenbahnschienen. Sie brennen herrlich…«

Doch trotz ihrer finanziell angespannten Lage gab es viel Erfreuliches zu erzählen: »Wir hatten ein tolles Guy-Fawkes-Wochenende; Feuerwerk ist hier billig; die Jungen haben alles selbst gezündet und waren sehr vorsichtig, es ist nichts beschädigt worden, außer ein paar Ringelblumen im Garten, die immer noch blühen.« Und Joy war sogar auf dem besten Weg, so etwas wie eine Oxforder Berühmtheit zu werden. 1955 erhielt sie eine Einladung, in Pusey House eine Vorlesung über Jacks ehemaligen Freund Charles Williams zu halten. »Es ist witzig genug«, meinte sie dazu, »daß ich Oxforder Studenten unterrichten soll; aber noch witziger, daß ich hier über ihn reden soll, wo Williams jahrelang gelebt hat und so viele Leute ihn kannten. Verrückte Welt!«

Dann, 1956, kam für Joy eine neue Krise. Die Britische Einwanderungsbehörde lehnte die Verlängerung ihres Besuchervisums ab. Damit stand ihr und den Jungen schon wieder eine Entwurzelung und die Rückkehr nach Amerika bevor.

Es gab nur eine Möglichkeit, Joys Ausweisung zu verhindern – sie mußte auf irgendeine Weise britische Staatsbürgerin werden. Und ein Weg, dies zu erreichen, bestand darin, einen Engländer zu heiraten. Wie Jack auf diese Lösung kam – ob er selbst sich über die Gesetze erkundigte, oder ob Joy ihn darüber informierte – ist nicht bekannt. Aber wie dem auch sei, Jack beschloß, Joy zu heiraten.

Vielleicht hatte er schon seit Monaten vorausgesehen, daß es so kommen würde, denn schon im Herbst 1955 hatte er in einem Brief an seinen alten Freund Arthur Greeves dunkle Andeutungen gemacht: »...In der anderen Sache bleibe ich dabei. Ich weiß nicht, was daran ›falsches Spiel‹ sein sollte. Alle, die es etwas angeht, würden es erfahren. Die ›klare Lösung‹ wäre meines Erachtens Ehebruch und darf darum nicht sein (ein einfacher Schluß, wenn man sie nicht im geringsten will!)«

Am 23. April 1956 wurden Jack und Joy in Oxford standesamtlich getraut. Die Trauzeugen waren Austin und Katherine Farrer.

Zwei Tage später erzählte Jack Roger Lancelyn Green von der Heirat und sagte, es sei »ein reiner Freundschaftsakt, eine Sache der Zweckdienlichkeit«, und er habe sich von seinem Anwalt ein amtlich beglaubigtes Dokument anfertigen lassen, in dem die Gründe der Eheschließung festgehalten seien.

Warnie allerdings war, wie aus einer späteren Tagebucheintragung ersichtlich ist, über diese heimliche Vermählung wenig erfreut: »Die Spanne zwischen Ende des *Ancien Régime* und Restauration hatte keine vier Jahre gedauert«, schreibt er und fährt fort, Jack habe ihm versichert, »Joy werde weiterhin als ›Mrs. Gresham‹ für sich wohnen, und die Heirat sei eine reine Formalität, um Joy das Recht zu geben, in England zu bleiben; und ich sah ein, daß es keinen Sinn hatte, ihn davon abbringen zu wollen.«

Diese letzte Bemerkung läßt darauf schließen, daß zumindest Warnie die Dinge nicht ganz so einfach sah, wie Jack sie hinstellte; in seinem Tagebuch heißt es weiter: »Joy, deren Absichten von allem Anfang an klar waren, begann schon bald, ihr Recht geltend zu machen, und sagte ganz richtig, daß es ihrem Ruf schade, wenn Jack tagtäglich bei ihr ein und ausgehe und oft bis elf Uhr nachts bleibe...«

Dann tauchte ein neues Problem auf: Aus irgendeinem Grunde wurde Joy die Wohnung gekündigt. Obwohl Jack den zivilen Trauakt in keiner Weise als christliche Heirat betrachtete (und trotz der festen Absicht, seine Beziehung zu Joy nicht zum Ehebruch werden zu lassen), beschloß er, Joy mit ihren beiden Söhnen zu sich zu nehmen. »Alle Vorbereitungen zur Übersiedelung der Familie nach ›The Kilns‹ waren getroffen«, schrieb Warnie später, »da brach das Unglück über uns herein...«

Am späten Abend des 18. Oktober 1956 hatte Katherine Farrer plötzlich das dunkle Gefühl, daß mit Joy etwas nicht stimmte. Sie stürzte ans Telefon und begann, die Nummer der Freundin zu wählen. Doch noch ehe es am andern Ende anfangen konnte zu klingeln, stolperte Joy, die gerade mit einem Tablett voll Teegeschirr aus der Küche hereinkam, über das Telefonkabel und fiel hin. Sie spürte ein Krachen im Knochen, und eine Welle rasenden Schmerzes ging durch sie hindurch. Sie konnte sich nicht mehr bewegen, doch neben ihr auf dem Boden lag der Telefonhörer, und an seinem andern Ende ertönte Katherine Farrers besorgte Stimme.

Joy wurde umgehend ins Wingfield-Morris-Orthopaedic-Hospital gebracht und ihr gebrochenes Bein untersucht. Sie hatte schon eine ganze Weile über Schmerzen geklagt, die sich im Laufe der Monate verschlimmert hatten, die sie jedoch für

Rheumatismus gehalten hatte. Doch es war, wie nun festgestellt wurde, kein Rheumatismus; es war Krebs.

Die Krankheit hatte ihren linken Oberschenkel zerfressen und den Knochen so geschwächt, daß er bei ihrem Sturz zerbrochen war wie ein dürres Stück Holz. Eine weitere bösartige Geschwulst saß in der Brust.

Für Jack stieg damit ein altes Schreckgespenst aus der Vergangenheit empor. Alle Angst und Seelennot, die er bei der Krankheit und dem Tod seiner Mutter schon einmal durchgemacht hatte, muß erneut über ihn hereingebrochen sein, als ihm der Arzt die vernichtende Diagnose eröffnete.

»Niemand kann den genauen Augenblick angeben, wo aus Freundschaft Liebe wird«, hatte Jack einmal gesagt. Aber dies mochte für ihn wohl der Augenblick sein. Als er versuchte, zu begreifen, daß er vielleicht schon bald von Joy Abschied nehmen müsse, begann er zu merken, *wie* schmerzlich dieser Abschied für ihn sein würde.

Jack bestand darauf, daß Joy der Ernst ihres Zustands nicht verheimlicht wurde: »Ich kann es nicht zulassen, daß einem Erwachsenen, und dazu einem Christen, etwas vorgemacht wird«, schrieb er an einen Freund. »Wie Du Dir denken kannst, ist neue Schönheit und neue Tragik in mein Leben gekommen. Du würdest Dich wundern (oder vielleicht auch nicht?), wenn Du wüßtest, wieviel bisher nicht gekanntes Glück, ja, Fröhlichkeit, zwischen uns ist.«

Jetzt, wo Joy körperlich weniger attraktiv war denn je, gewann sie Jacks Herz. Er schrieb dazu: »Vor Jahren, als ich über mittelalterliche Liebeslyrik schrieb und deren seltsame, teilweise nur in der Phantasie bestehende ›Religion der Liebe‹ schilderte, war ich so blind, dies als ein fast rein literarisches Phänomen zu betrachten. Jetzt weiß ich es besser...«

Jacks Liebe zu Joy – und der Schmerz, der unlösbar dazu gehörte – wurde von Tag zu Tag tiefer. Er schrieb an seinen alten Freund Arthur Greeves: »Es wird für mich eine große Tragödie sein, sie zu verlieren«, und an einen anderen Freund: »Ich kann die seelische Verfassung kaum beschreiben, in der ich mich gegenwärtig befinde – außer daß zu Zeiten all mein Fühlen in grenzenloser Müdigkeit und einem Meer der Erstarrung versinkt...«

Kurz ehe der Sturm losgebrochen war, hatte Jack *The Last Battle* (dt. *Der Kampf um Narnia*), das siebte und letzte Buch der Geschichten von Narnia, veröffentlicht; am Schluß gelangen seine Helden zu einem Paradiesesgarten:

»...vor ihnen war ein großes goldenes Tor. Und einen Augenblick lang wagte keines von ihnen zu versuchen, ob das Tor sich öffnen ließe... ›Dürfen wir? Ist es recht? Kann es für *uns* sein?‹

Doch während sie noch so dastanden, ertönte von irgendwo aus dem ummauerten Garten ein mächtiges Horn, wunderbar laut und süß, und die Torflügel schwangen auf...«

Ein noch tieferer Zauber

»Ihre Vermählung geben bekannt: Professor C.S.Lewis, Magdalene College, Cambridge, und Frau Joy Gresham, z.Zt. im Churchill Hospital, Oxford. Es werden keine Anzeigen verschickt.«
Diese Bekanntmachung erschien Weihnachten 1956 unter der Rubrik »Persönliches« in der *Times*.

Joy war in den ersten Dezembertagen nach drei größeren Operationen ins Churchill Hospital verlegt worden. Jack versuchte in der Zwischenzeit, sich auf das Kommende vorzubereiten. Er nahm David und Douglas zu sich und fand es nun auch angebracht, die in aller Heimlichkeit vollzogene Ziviltrauung mit Joy öffentlich bekanntzugeben.

Um diese Zeit muß es wohl gewesen sein (nach Warnies Aufzeichnungen allerdings schon früher), daß sich Jack an den Bischof von Oxford wandte und ihn bat, seine Einwilligung zu einer kirchlichen Trauung zu geben.

Seiner alten Brieffreundin in Amerika hatte er schon im November, als Joy operiert wurde, geschrieben: »Vielleicht bin ich schon bald rasch nacheinander Bräutigam und Witwer. Es könnte wirklich eine Hochzeit am Totenbett werden.«

Doch der Bischof von Oxford verweigerte die Zustimmung zur Heirat. Jack hatte seinen Antrag damit begründet, daß Bill nach weltlichem Gesetz schon einmal verheiratet gewesen war, bevor er Joy kennenlernte, und daß zudem weder Joy noch Bill gläubig waren, als sie heirateten, daß Joy also nach christlichem Eheverständnis gar nicht wirklich verheiratet war, als sie Jack traf. Zu dieser Argumentation sagt Pater Walter Hooper: »Wenn die Ehe – selbst die weltliche – *unauflöslich* ist, war Gresham immer noch mit seiner ersten Frau verheiratet; wenn hingegen nur die christliche Ehe unauflöslich ist, waren William Gresham und Joy Davidman niemals verheiratet.«

Wie dem auch sei, die anglikanische Kirche vertrat – und vertritt noch immer – die Auffassung, daß nach der Schrift eine Wiederverheiratung Geschiedener Ehebruch ist. Daher kann sie einem solchen Bund unmöglich zustimmen, geschweige denn, ihn durch das Sakrament der Ehe segnen.

Wie uneinfühlsam, ja, intolerant und stur man es finden mag, der Bischof von Oxford konnte nicht anders, als seine Zustimmung zu verweigern. Bei einem so namhaften Christen wie C.S. Lewis eine Ausnahme zu machen, war schlechthin undenkbar.

So hatte Jack keine andere Wahl, als wenigstens bekanntzugeben, daß er zivilrechtlich mit Joy verheiratet war. In einem Brief erklärte er Arthur Greeves: »Falls sie dies Äußerste übersteht und aus dem Krankenhaus herauskommt, wird sie doch nicht mehr imstande sein, alleine zu leben – also muß sie hierher kommen. Das heißt, daß unsere Heirat, wenn wir nicht Anstoß erregen wollen, bald publik gemacht werden muß.« Ein paar Wochen darauf setzte Jack seine sorgfältig formulierte Anzeige in die *Times*.

Am Schluß seines Briefes an Arthur schrieb Jack: »Ich weiß, Du betest für sie und für mich; bete auch für Warnie, für den der Verlust – wenn wir sie verlieren sollten, ebenfalls sehr groß wäre.«

Warnie liebte Joy, nachdem er seine früheren Vorbehalte gegen sie überwunden hatte, mit brüderlicher Zärtlichkeit. »Ich habe sie noch nie so liebgehabt wie jetzt, da sie so elend daliegt«, schrieb er in sein Tagebuch. »Ihre Tapferkeit und ihre Fröhlichkeit sind vorbildlich. Sie spricht von ihrer Krankheit und dem, was sie durchmacht, als ob sie von einer Freundin erzählte. Gebe Gott, daß sie wieder gesund wird...«

Doch Joy wurde nicht gesund. Ihr Zustand verschlechterte sich. Im März, als sie wieder einmal zur Bestrahlung im Wingfield Hospital lag, war er so hoffnungslos, daß Warnie in seinem Tagebuch vermerkte: »Einer der schmerzlichsten Tage meines Lebens. Sie haben Joy das Todesurteil gesprochen; das Ende ist nur noch eine Frage der Zeit.«

Nun war auch Joy selbst in einer verzweifelten Stimmung: »Ich bin gerade in einer ziemlich schlechten Verfassung«, schrieb sie Freunden. »Sie hatten mir fest versprochen, daß die Bestrahlungen helfen würden. Ich hatte alle meine Hoffnungen darauf gesetzt, wenigstens noch ein Jahr oder etwas mehr mit Jack glücklich zu sein – und nun sieht es so aus, als müßte ich mit meinem gebrochenen Oberschenkel im Krankenhaus herumliegen und auf den Tod warten und kann nichts tun, was dies letzte bißchen Leben nützlich oder erträglich machen würde... Ich bemühe mich sehr, am Glauben festzuhalten, aber es fällt mir schwer; alles scheint so sinnlos, so unbarmherzig grausam zu sein... Hoffentlich ist alles wahr, was wir glauben. Für *diese* Welt wage ich jetzt nichts mehr zu hoffen.«

Mit Jacks Hilfe und Zuspruch konnte sich Joy etwas erholen – genug, um ihren Freunden zu schreiben: »Ich habe das Gefühl, ich kann jetzt einigermaßen ertragen, was auf mich zukommt, und auch der Gedanke an die Schmerzen treibt mich nicht mehr ganz so um – ich bin gar nicht so sicher, ob ich sie nicht im Grunde genommen verdient habe, und sogar ziemlich sicher, daß ich sie irgendwie brauche... Jack hat mir erklärt, daß es falsch war, die Hoffnung ganz aufzugeben; Ungewißheit ist das Kreuz, das Gott uns aufgelegt hat.«

Es sehe alles »sehr viel heller aus als vorher«, schrieb Joy – doch ihr Zustand verschlechterte sich immer noch. Da die Ärzte nichts mehr für sie tun konnten, bat Jack – entschlossen, sie keinesfalls im Krankenhaus auf den Tod warten zu lassen – um die Erlaubnis, sie heimzunehmen. Es wurde ihm gestattet.

Noch immer war jedoch die Frage offen, ob sie vor Gott verheiratet waren oder nicht. Manche – unter ihnen Warnie – haben vermutet, die Ziviltrauung sei damals für Jack sehr viel mehr gewesen als ein bloßer Akt der Nächstenliebe. Wenn das stimmte, hätte das Paar jetzt keine Bedenken haben müssen, als Mann und Frau zusammenzuleben. Tatsache aber war, daß beide es als unerläßlich empfanden, ihren Bund unter Gottes Segen zu stellen.

Die Lösung des Problems kam unerwartet. Jack hatte einen Freund und ehemaligen Studenten, Peter Bide, nach »The Kilns« eingeladen. Peter Bide war Priester; verschiedene Erlebnisse in seinem Dienst hatten ihn zu der Überzeugung geführt, daß er die Gabe der Krankenheilung besitze. Über diese Erfahrungen hatte er mit Jack gesprochen, und sie hatten lange über ihre Auffassung von der Glaubensheilung debattiert.

Jack war in dieser Sache aufgeschlossen. Er fand es »fraglos richtig«, für Kranke zu beten – nur gegenüber Gebeten unter Ölung und Handauflegung war er etwas skeptisch. An einer Stelle hatte er geschrieben: »Ob sich der einzelne Christ aus echtem Glauben und wahrer Nächstenliebe gedrängt fühlt, eine Glaubensheilung zu erbitten, oder aus geistlichem Hochmut – diese Frage, denke ich, können wir nicht entscheiden. Das ist eine Sache zwischen Gott und ihm. Und in der Frage, ob eine Heilung erfolgt ist, sind in jedem Fall die Ärzte zuständig...«

Was ihn zur Überzeugung führte, daß Peter Bides Heilungsgabe wirklich von Gott sei, war die Tatsache, daß der junge Mann mit äußerster Zurückhaltung darüber sprach und sich keineswegs als Wundertäter ausgab. Er war sich seiner eigenen Unwürdigkeit so stark bewußt, daß man ihm unmöglich geistlichen Hochmut vorwerfen konnte. So bat ihn Jack, Joy die Hände aufzulegen und über ihr um Heilung zu beten.

Erst als Peter Bide sich dazu bereit erklärte, kam Jack auf die Frage der Trauung zu sprechen. Natürlich hatte er nicht das Recht, Peter Bide um einen kirchlichen Dienst zu bitten, den der Bischof selbst verweigert hatte; doch er hätte alles und noch mehr getan, um Joy ihre voraussichtlich letzten Lebenstage so erträglich wie möglich zu machen.

Jahre später schrieb Peter Bide darüber an Joys Biographen: »Es schien mir unter diesen Umständen nicht möglich, ihr die äußerlichen und sichtbaren Zeichen der Gnade zu verweigern, die sie sich so sehnlich wünschte und die eine so verzweifelte Situation zu einem guten Ende führen konnten.« Warnie bezeichnet den Entschluß, Jack und Joy kirchlich zu trauen, als »einen denkwürdigen Akt christlicher Nächstenliebe«, schon allein darum, weil Peter Bide wissen mußte, daß ihm diese Handlung nicht nur eine Rüge seines eigenen, sondern auch den schweren Unwillen eines Bischofs einbringen würde, zu dessen Diözese er nicht einmal gehörte.

Am Donnerstag, dem 21. März 1957, fand in der kalten, sterilen Atmosphäre der Wingfield Klinik die Trauung statt. Die Braut lag in Kissen aufgestützt, der Bräutigam saß am Bett, Peter Bide zelebrierte das traurige kleine Zeremoniell, und Warnie und eine der Krankenschwestern standen als Trauzeugen daneben.

Es war von einer schmerzlichen Aktualität, als Jack und Joy gelobten, einander zu lieben, füreinander zu sorgen und sich die Treue zu halten »in guten und bösen Tagen, in Reichtum oder Armut, in Gesundheit und in Krankheit, bis der Tod uns scheidet«.

»Ich fand es herzzerreißend«, schreibt Warnie, »besonders, wie begierig Joy nach dem armseligen Trost verlangte, unter Jacks Dach sterben zu dürfen; auch wenn es beinahe eine Beleidigung ist, jemand so großartig Tapferes wie Joy zu bemitleiden.« Nach der Trauung legte Peter Bide Joy die Hände auf und betete um ihre Heilung.

Jack wußte wohl, wie absolut hoffnungslos Joys Zustand war; aber er wäre kein Mensch gewesen, wenn er sich nicht doch noch ein Fünkchen Hoffnung, wie schwach auch immer, bewahrt hätte, daß Joy wieder gesund würde. Dachte er vielleicht an die Worte, die er zehn Jahre zuvor in *Wunder* geschrieben hatte? »Wir dürfen uns das Schicksal nicht wie einen Film vorstellen, der zwar größtenteils von selbst abrollt, in den unsere Gebete aber hin und wieder ein paar zusätzliche Dinge einfügen dürfen. Im Gegenteil: Was sich im Film vor uns abspielt, ist bereits die Folge unseres Betens und all unseres Tuns. Ob ein Ereignis aufgrund meines Gebets geschehen ist, steht nicht zur Debatte. Wenn das, wofür ich gebetet habe, eintrifft, hat mein Gebet stets dazu beigetragen. Trifft aber das Gegenteil davon ein, ist mein Gebet dennoch nicht ignoriert worden; es wurde in Betracht gezogen und abgelehnt, zu meinem Allerbesten und zum Wohl des ganzen Universums.«

Eine Woche nach der Trauung wurde Joy im Krankenwagen nach »The Kilns« heimgebracht. Ihr Lager war im Wohnzimmer hergerichtet worden. »Ich verbringe jeden Augenblick an ihrem Bett«, schrieb Jack – dies, obwohl zu ihrer Pflege eine Krankenschwester im Hause war. Einen Monat später schrieb Jack an einen Freund, er führe »ein Leben wie ein Krankenwärter und habe kaum noch Zeit zu beten und zu essen«.

Auch um David und Douglas mußte sich jemand kümmern

– »eine anstrengende Aufgabe für zwei alte Junggesellen –, aber wenn Jack und Warnie auch noch so schlecht geeignet waren, zwei kleine Jungen zu erziehen, so brachten sie doch eine ganz besondere Voraussetzung mit: Diese beiden erlebten »genau das gleiche Unglück«, das ihre eigene Kindheit überschattet hatte. Douglas erinnert sich gut, wie Jack ihn und seinen Bruder damals mit ins Krankenhaus nahm, um die Mutter zu besuchen, und ihnen unterwegs erklärte, daß sie Krebs hatte: »Er hat es gut gemacht – viel besser, als es sein Vater vor so vielen Jahren gekonnt hatte...«

Zu all diesen Problemen kam hinzu, daß Warnie, der seit einigen Jahren trank, oft nicht in der Verfassung war, Jack den nötigen Beistand zu leisten. Immerhin war es Warnie schmerzlich bewußt, was sein Bruder durchmachte: »Es bleibt uns kaum mehr etwas für sie zu erhoffen«, schrieb er in sein Tagebuch, »als ein schmerzloses Ende. Wie leicht es sich sagt, man müsse ›sein Geschick annehmen‹, und wie schwer es ist, das zu tun; *warum nur*, fragt man, muß das nun Jacks Leben sein – die besten zweiunddreißig Jahre von [Mrs. Moore] aufgefressen, und nun noch die Hoffnung auf einen ›glücklichen Lebensabend‹ so grausam vor der Nase weggeschnappt.«

Am Schluß dieses melancholischen Eintrags notiert Warnie: »Wie schnell das alles gegangen ist«, und weiter, vielleicht in Erinnerung an jenen Januartag im Jahr 1950, als Mrs. Joy Greshams erster Brief ankam: »Vor sieben Jahren wußten wir noch nicht einmal, daß es eine Frau namens Joy Gresham gab.«

Als hätte Jack nicht schon genug am Hals, kam Bill ausgerechnet jetzt auf die Idee, Joy zu schreiben, er wolle David und Douglas im Falle ihres Todes nach Amerika zurückholen. Wiederum lag es bei Jack, mit dem Sturm fertigzuwerden, den dieser Brief auslöste. Er schrieb nachdrücklich und unmißverständlich zurück:

»...Ihr Brief erreichte Joy nach einem Tag voller Schmerzen, und seine Wirkung war verheerend. Sie hatte das Gefühl, als solle ihr die einzige irdische Hoffnung, die sie noch hat, entrissen werden. Sie haben einen Menschen gepeinigt, der schon auf der Folter liegt, und einer Todkranken zusätzliche Lasten aufgeladen. Nichts wäre Joy furchtbarer, als wenn die Jungen wieder in

Ihre Obhut kämen. Vielleicht machen Sie sich nicht klar, daß Ihre Söhne Sie als Schreckgestalt in Erinnerung haben, nachdem sie in sehr früher Kindheit gewisse Auftritte (in denen Sie nicht Sie selbst waren) miterleben mußten. Wenn sie nach Beendigung ihrer Ausbildung in die Staaten zurückkehren wollen, ist das natürlich eine ganz andere Sache. Aber sie jetzt – entschieden gegen ihren Willen und mitten in der furchtbarsten Tragödie, die über eine Kindheit kommen kann (ich habe so etwas selbst durchgemacht und weiß es) – aus allem, was ihnen unterdessen vertraut geworden ist, herauszureißen und ihnen jedes Gefühl der Geborgenheit zu nehmen, wäre verhängnisvoll. Wenn Ihnen die Grausamkeit Ihres Vorschlags bewußt wäre, so hätten Sie ihn sicher nicht gemacht.«

Auf Bills Ansinnen, daß seine Söhne zu ihm zurückkehren sollten, wenn Joy stürbe, entgegnete Jack: »Sie und ich müssen doch an das Glück der Jungen denken... Das heißt nicht, daß Sie sich damit abfinden sollen, ›sie nie wiederzusehen‹. Warum sollte es zwischen Ihnen und den beiden keine echte, ungetrübte Versöhnung geben, wenn die Jungen älter sind? Aber wenn Sie sie jetzt, da ihnen das Herz bricht, gewaltsam zurückholen, machen Sie eine Versöhnung nicht leichter, sondern für immer unmöglich. In der Erinnerung der Jungen sind Sie ein Mann, der in die Zimmerdecke schoß, um sich abzureagieren, der Stühle zertrümmerte, in aller Öffentlichkeit weinte und Doug eine Flasche über den Kopf schlug. David hat miterlebt – und es Ihnen sehr übelgenommen –, daß Sie mit Ihrer jetzigen Frau bereits zusammenlebten, als Sie noch mit seiner Mutter verheiratet waren. Kinder haben ein gutes Gedächtnis für solche Dinge und sind (wie wir Erwachsenen) selbstgerecht...«

Jack ließ Bill nicht darüber im Zweifel, daß er ihm »jedes rechtliche Hindernis« in den Weg legen würde, falls er daran festhielte, die Jungen zurückzuholen. Zum Schluß schreibt er: »Sie haben es in der Hand, die Nöte einer Frau, die Sie einmal geliebt haben, zu lindern, statt es ihr noch schwerer zu machen. Sie haben es in der Hand, die Liebe und Achtung Ihrer Kinder eines Tages zurückzugewinnen, statt sie für immer zu verscherzen. Um Gottes Willen tun Sie es; fügen Sie sich in das, was alle Beteiligten, außer Sie selbst, zutiefst wünschen.«

Das genügte, um Bill umzustimmen.

Ein paar Wochen nach Joys Heimkehr schrieb Jack an Roger Lancelyn Green: »Joy ist ganz ans Bett gefesselt... aber sie hat Gott sei Dank keine Schmerzen, schläft gut und ist oft ganz munter.« Jack hingegen *hatte* Schmerzen. Er hatte darum gebetet, Gott möge ihm etwas von Joys Beschwerden zu tragen geben. Nicht lange darauf begann Joys Zustand sich zu verbessern, während Jack plötzlich unter qualvollen Schmerzen in den Beinen litt. Die Ärzte stellten einen Kalziummangel in den Knochen fest. »Dieses Leiden scheint weder *heilbar noch tödlich* zu sein. Es begleitet normalerweise die tödliche Krankheit, die man Senilität nennt, aber kein Mensch weiß, warum ich es so früh bekommen habe.« Um die gleiche Zeit fing Joy – die Kalzium dringend nötig hatte – an, mehr davon zu bilden.

Jack nahm diese leichte Besserung von Joys Zustand allerdings mit Vorsicht auf – zweifellos mußte er an die scheinbare Genesung seiner Mutter denken. »Wenn auch die Ärzte uns auf lange Sicht keine Hoffnung machen«, schrieb er im Mai, »scheint die Krankheit vorübergehend doch in einem Maß zum Stillstand gekommen zu sein, wie sie es niemals erwartet hätten. Joy hat wenig, oft keine, Schmerzen, sie erstarkt zusehends, ißt und schläft gut. Die Folge davon ist paradoxerweise, daß sie um so niedergeschlagener ist und weniger Frieden hat. Je besser der Allgemeinzustand, um so stärker ist natürlich auch der instinktive Lebenswille. Wir (beide) können uns ungerechtfertigter, quälender Hoffnungen nicht erwehren. Kurz, ein Gefängnis ist dann am schwersten zu ertragen, wenn sich die Tür öffnet und Sonnenschein und Vogelgezwitscher eindringen...«

Im Laufe der Monate wurden ihre Hoffnungen immer begründeter: »Es geht Joy, von außen gesehen, (beglückend oder herzzerbrechend) gut, und jeder, außer einem Arzt, wäre sicher, daß sie tatsächlich gesund wird...«

Doch bald fragten sich sogar die Ärzte, ob Joy nicht wirklich auf dem Weg der Genesung sei. Der Krebs war offensichtlich zum Stillstand gekommen. Die erkrankten Stellen in den Knochen breiteten sich nicht weiter aus. Dann begannen sich, wie Jack es ausdrückte, »die Gezeiten zu wenden«. Die verkrebsten

Stellen verschwanden zusehends, und neuer Knochen wurde nachgebildet.

Im September war Joy auf und saß im Rollstuhl. Zwei Monate darauf schrieb sie an Bill, sie könne jetzt »zwei oder drei Treppenstufen hinaufsteigen, etwa fünfzehn Meter weit laufen, fast normal sitzen und zur Toilette gehen wie die Großen – was keine kleine Errungenschaft ist!« Sie bekam einen erhöhten Schuh und bewegte sich im Dezember schon allein durch Haus und Garten – »humpelnd«, schrieb Jack, »und am Stock, aber sie *läuft*.« Das war ein unleugbarer, eindeutiger Fortschritt, und Jack konnte nicht länger daran zweifeln, daß sich Joy, wie unwahrscheinlich es auch war, von ihrer Krankheit erholte. »Neulich ist sie sogar *unbewußt* aufgestanden und ans Telefon gegangen. Daß es unbewußt geschieht, ist der eigentliche Triumph – der Körper, der nicht einmal mehr unter äußerster Willensanstrengung gehorchte, tut wieder etwas *von selbst*... Natürlich hängt das Damoklesschwert noch immer über uns; oder sollte ich eher sagen: Wir sind gezwungen, uns des Schwertes, das eigentlich über allen Sterblichen hängt, bewußt zu sein?«

Joys Zustand besserte sich weiter. Im März vermerkte Roger Lancelyn Green, der in »The Kilns« zum Essen eingeladen war, in seinem Tagebuch, Joy sei »auf und laufe umher wie durch ein Wunder«; und im Juli begleitete sie Jack nach Dane Court, um an Douglas' Zeugnisverleihung teilzunehmen. Das Wunder, so schien es, war eingetreten.

In einem Brief an Freunde schrieb Joy: »Meine Sache ist vorläufig zum Stillstand gekommen. Vielleicht geht es noch drei, vier Jahre so einigermaßen gut... Jack und ich bringen es fertig, unter den gegebenen Umständen erstaunlich glücklich zu sein. Wir benehmen uns wie ein junges Paar in den Flitterwochen, wie Anfang zwanzig und nicht wie Leute mittleren Alters...« Sie machten zusammen eine mehrtägige Reise, über die Jack schmunzelnd schreibt: »Ich bin ein derart eingefleischter alter Junggeselle, daß ich mich des Gefühls nicht erwehren konnte, ich täte etwas Verbotenes (›Mit einer Frau im Hotel übernachten!‹ Wie die Leute in den Illustrierten!).«

Wie ihre Liebe zueinander unter der Bedrohung des nahen Abschieds gewachsen war, so bekam sie nun, unter dem Zeichen des gnädigen Aufschubs, eine neue Intensität. »Wißt Ihr«, schrieb Jack Freunden, »ich hätte nie gedacht, daß *ich* das einmal erleben würde. Ich hätte mir nicht träumen lassen, daß mir in meinen Sechzigern noch das Glück zuteil würde, das ich in den Zwanzigern verpaßt habe.« Joy bemerkte kurz und bündig: »Filme und Dichter haben recht: Es gibt sie!«

»Solange die Erde steht«, sagt Douglas Gresham, »hat es nie zwei Menschen gegeben, die sich mehr geliebt haben als Jack und Joy.«

Joys Genesung – mochte sie eine noch so wunderbare Gebetserhörung sein – stellte Warnie jedoch vor ein Problem. Als Joy in »The Kilns« einzog, war sie gekommen, um hier zu sterben. Da war kein Gedanke daran gewesen, daß Warnie überflüssig sein könnte. Doch nun sah alles anders aus. Joy konnte ohne weiteres noch ein paar Jahre leben, und mit der Rückkehr ihrer Kräfte begann sie auch schon, Interesse an der Haushaltführung zu bekunden – zu Freunden sagte sie, sie fühle sich »ganz als die Dame des Hauses!« Vielleicht war es für Warnie Zeit, ans Fortgehen zu denken.

»Fast zwanzig Jahre lang«, schreibt er, »hatte ich in ›The Kilns‹ unter Frauenherrschaft gelebt. Dann waren ein paar Jahre uneingeschränkter männlicher Freiheit gefolgt. Und nun sollte wieder eine Frau das Regiment in ›The Kilns‹ antreten. Eines stand für mich felsenfest, nämlich, daß ich mich nie und nimmermehr in häusliche Bedingungen schicken würde, wie sie unter unserem *ancien régime* geherrscht hatten – und so traf ich nach der Heirat erste Vorbereitungen, um mich unauffällig aus dem gemeinsamen Heim zurückzuziehen und in Irland meinen eigenen Wohnsitz aufzuschlagen.«

Doch Warnies Pläne erwiesen sich bald als unangebracht: »Ehe ich meine Absicht auch nur andeuten konnte, merkte ich, daß weder Jack noch Joy auch nur im leisesten etwas anderes dachten, als daß ich in ›The Kilns‹ weiter zur Familie gehören würde; daher entschloß ich mich, dem neuen *régime* eine Chance zu geben, bevor ich meine Irlandpläne weiterverfolgte.«

Das tat Warnie und sah »alle meine Befürchtungen rasch und für immer zerstreut. Jacks Heirat bedeutete für mich eine Bereicherung und Belebung unseres Heims durch die Anwesenheit einer geistreichen, weitherzigen, belesenen und toleranten Christin. Sie war eine Gesprächspartnerin, wie ich nicht viele erlebt habe. Und eine, die noch dazu ein tiefes Interesse am – und beachtliche Kenntnisse über – das siebzehnte Jahrhundert, mein eigenes Steckenpferd, besaß...«

Tatsächlich beriet Joy Warnie bei seinem neuen Buch *The Scandalous Regent* (Der skandalöse Herrscher), das er denn auch »Meiner Schwägerin Joy Davidman« widmete; und – wichtiger als dies – sie half ihm, das Trinken aufzugeben, wobei ihr die jahrelange Erfahrung mit Bills Alkoholismus zustatten kam.

Auch Jack bekam Joys scharfen Verstand zu spüren: Oft machte sie sich – zu seinem großen Vergnügen – über seine bombastischen Reden lustig und holte ihn auf die Erde zurück. Douglas Gresham erzählt von ihr, daß sie Jack einmal, als er sich beim Mittagessen langatmig über irgend etwas ausließ, ins Wort fiel: »Sei endlich still und laß das Schulmeistern!«

Jacks Schriftstellerei brachte sie ein klares, treffendes Urteil entgegen, das ihm nach seiner eigenen Aussage sowohl bei den *Reflections on the Psalms* (dt. *Das Gespräch mit Gott*) als auch bei *The Four Loves* (dt. *Was man Liebe nennt*) eine große Hilfe war.

Für *Das Gespräch mit Gott* – seit zehn Jahren Jacks erstes »religiöses« Buch – kam ihm vor allem der Einblick ins Judentum zugute, den Joy ihm gab, und *Was man Liebe nennt* hätte er in dieser Art nie schreiben können, wenn er sich nicht in Joy verliebt und sie geheiratet hätte. Zu *Das Gespräch mit Gott* sagte die *Church Times*: »Besser hat er nie geschrieben; fast jede Seite ist ein Feuerwerk von glänzenden, herausfordernden, originellen Aussagen.« Sicher ist, daß Jack noch nie ein reiferes, in seiner Mischung von Verstand und Gefühl, Vernunft und Erfahrung ausgeglicheneres Werk gelungen ist:

»Unsere Streitigkeiten liefern ein ausgezeichnetes Beispiel dafür, wie sich die christliche Auffassung von der jüdischen unterscheidet, daß es aber gut ist, beide zu beherzigen. Als Christen müssen wir natürlich all den Zorn, die Bosheit und die Selbstsucht bereuen, die unsrerseits schuld daran sind, daß aus der Meinungsverschiedenheit überhaupt ein Streit werden konnte. Aber auf einer weit tieferen Stufe stellt sich noch eine andere Frage: ...Haben wir etwa vorgegeben, über die eine Sache aufgebracht zu sein, während wir doch wußten oder hätten wissen können, daß unser Zorn eine ganz andere und viel weniger ansehnliche Ursache hatte? Haben wir vorgegeben, unsere empfindlichen und zarten Gefühle seien ›verletzt‹ (edle Naturen wie die unsrigen sind ja so verwundbar), während wir tatsächlich an Neid, unbefriedigter Eitelkeit oder durchkreuzter Selbstsucht kranken? Solche Schachzüge bringen oftmals Erfolg. Die anderen geben nach. Sie geben nicht nach, weil sie nicht wüßten, wie es mit uns steht, sondern weil sie es schon längst nur allzugut wissen und weil sie wissen, daß es ihre ganze Beziehung zu uns gefährdete, wollten sie den schlummernden Löwen wecken oder an die wunde Stelle rühren... Und so gewinnen wir; dank einer Schwindelei. Aber die Unehrlichkeit wird sehr tief empfunden. Tatsächlich ist das, was gemeinhin ›Feingefühl‹ heißt, die wirksamste Energiequelle für häusliche Tyrannei, eine oft lebenslängliche Tyrannei.«

Daß Joy an Jacks Schaffen Anteil nahm, war natürlich nichts Neues; das hatte sie von dem Augenblick an getan, als sie nach England kam. Aber nun schloß sie aus Liebe und Dankbarkeit auch Jacks ganzes übriges Leben in ihre Anteilnahme ein. Sie kümmerte sich um seine Finanzen – Jack war im Umgang mit Geld ein hoffnungsloser Fall und hatte ein völliges Durcheinander. Er besaß zwar kein großes Vermögen, verlor aber oft den Überblick über seine Einnahmen aus den verschiedenen Tantiemen und konnte felsenfest davon überzeugt sein, praktisch vor dem Nichts zu stehen, während in Wirklichkeit große Summen (einmal waren es ganze 900 Pfund) auf irgendeinem Girokonto bei der Bank lagen.

Unter Joys Hand begann auch das Lewis'sche Haus behaglicher zu werden. Es war durch die jahrelange Junggesellenwirtschaft so heruntergekommen, daß Oxforder Freunde es unter sich »the Midden« nannten (mittelenglisch, wörtlich: Misthaufen): »Dreißig Jahre lang ist nichts gemacht worden«, klagte Joy. »Wände und Fußböden sind voller Löcher, die Teppiche völlig zerlumpt – ja, wahrscheinlich bewahren nur die Bücher an den Wänden das Haus vor dem Einsturz, und wenn wir je ein Bücherregal verschieben – dann Gute Nacht!«

Doch das Haus stürzte *nicht* ein. Bald ließ Joy »einige vorsichtige Maler- und Renovierungsarbeiten ausführen«. Die Löcher im Dach wurden geflickt, und die Zentralheizung, die seit dem Krieg nicht mehr benutzt worden war, instandgesetzt. Sie gab einiges Geld für Einrichtungsgegenstände und Vorhänge aus (und behauptete jedesmal, um Jack zu reizen, sie hätten Unsummen gekostet – dabei erstand sie immer alles im Ausverkauf), und machte »The Kilns« ganz allgemein nicht nur wieder bewohnbar, sondern wohnlich.

In einem Brief vom Mai 1958 erzählt sie Roger Lancelyn Green: »Jetzt ist ›The Kilns‹ ein richtiges Zuhause, die Wände sind gestrichen, die Decken ordentlich repariert, die Betten sauber bezogen – wir könnten einige Gäste bei uns unterbringen… Ich habe den Wald einzäunen lassen und alle Eindringlinge vertrieben, mit einer Schreckschußpistole; die sind schön gerannt! Kommt uns doch mal besuchen!«

Joys Renovierungseifer machte auch vor Jacks Kleiderschrank nicht Halt: zerschlissene Jacken, abgegriffene Hüte und Pullover ohne Ellbogen, die er unbekümmert weitertrug, wurden ausgemustert. Obwohl Jack gelegentlich Unwillen oder Ärger heuchelte, war er im stillen doch heilfroh über die Verwandlung, die unter Joys Händen geschah. Zum erstenmal seit Jahren hatten er und Warnie ein behagliches Zuhause.

Von Jacks alten Freunden akzeptierten die meisten seinen neuen Lebensstil, weil sie sahen, wieviel Glück und Erfüllung er ihm brachte. Einige jedoch hatten das Gefühl, Jack sei durch seine Heirat mit Joy Gresham ihrer Freundschaft und seinen eigenen Grundsätzen untreu geworden. Besonders Tolkien fand das Ganze »sehr befremdlich«. Als überzeugter Katholik war er entsetzt, als er erfuhr, daß sein engster Freund sich mit einer geschiedenen Frau verheiratet hatte. Überdies fühlte er sich – begreiflicherweise – verletzt, weil nicht Jack selbst, sondern jemand anderes, es ihm erzählt hatte; dies vielleicht um so mehr, als er Jack über Schwierigkeiten in seiner eigenen Ehe ins Vertrauen gezogen hatte.

Im Juli unternahmen Jack und Joy eine verspätete Hochzeitsreise: Joy lernte Wales und anschließend die grünen Hügel und dunstigen Berge von Irland kennen. Da ihnen eine Schiffsfahrt für Joy zu gewagt schien, wählten sie den Luftweg. »Es war für uns beide der erste Flug«, schrieb Jack, »und wir fanden es – nachdem die anfängliche Angst sich gelegt hatte – zauberhaft. Die Wolkendecke von oben gesehen ist eine neue Welt der Schönheit – und dann die Risse in den Wolken, durch die man da und dort einen Blick auf ›die dunkle Welt, da ich geboren ward‹ erhaschen kann...«

Joy war von Irland ganz hingerissen. »Es war himmlisch«, schrieb sie an Bill, »herrliches Sommerwetter, ein wunderbares goldenes Licht lag über allem, dazu die klare Luft, in der die Berge wie Edelsteine leuchteten... Es ist eine recht herbe Schönheit, aber es ist das schönste Fleckchen Erde, das ich je gesehen habe.«

Sie besuchten Louth, Down und Donegal und waren, wie Jack schilderte, bei ihrer Rückkehr »trunken von blauen Bergen, gelben Stränden, dunkelroten Fuchsien, brechenden Wellen, schreienden Eseln, dem Moorgeruch und der Heide, die eben zu blühen begann.«

So waren die Tage nach Joys Genesung voller Glück – ein Glück, das um so süßer war, als es dem Tode abgerungen wurde. Ein »noch tieferer Zauber« von »vor Anbruch der Zeit« hatte ihrer beider Leben und Lieben berührt und verwandelt.

Abschied vom Schattenreich

Im Januar 1959 konnte man in *The Atlantic Monthly* einen Artikel von C. S. Lewis über »Die Kraft des Gebets« lesen. Darin hieß es: »Ich habe am Bett einer Frau gestanden, deren Oberschenkelknochen völlig von Krebs zerfressen war und die auch in vielen andern Knochen wachsende Krankheitsherde aufwies. Um sie im Bett umzudrehen, waren drei Personen nötig. Die Ärzte gaben ihr noch ein paar Monate; die Schwestern (die es oft besser wissen) ein paar Wochen. Ein frommer Mann legte ihr die Hände auf und betete für sie. Ein Jahr darauf konnte die Patientin laufen (auch bergauf, auf holperigen Waldwegen), und als die letzten Röntgenbilder gemacht wurden, hieß es: ›Diese Knochen sind steinhart; es grenzt an ein Wunder.‹«

Und ein Wunder schien es tatsächlich zu sein. Im Herbst konnte Joy einigermaßen mühelos eine Meile weit laufen. Sie hatte zwar noch immer ein paar kleine Krebslöcher in den Knochen und nach wie vor Schmerzen. »Das Gehen ist nicht einfach«, erklärte sie, »wenn ein Oberschenkel fast acht Zentimeter kürzer ist als der andere.« Doch es war wirklich ein Wunder, wie »wohl und unternehmungslustig« sie sich fühlte. An Bill schrieb sie: »Im Krankenhaus feiern sie mich als glänzenden Erfolg und führen mich auswärtigen Ärzten vor...«

Im Oktober 1959, fast zwei Jahre nachdem der Krebs angefangen hatte sich zurückzubilden, war wieder eine Routineuntersuchung im Krankenhaus fällig. »Diese letzte Röntgenkontrolle«, schrieb Jack, »ist die einzige, vor der wir keine Angst hatten. Joy schien so völlig gesund...« Aber die Röntgenbilder zeigten das Gegenteil: Der Krebs war wieder ausgebrochen.

In *Du selbst bist die Antwort* läßt Jack Orual fragen: »Was wollen die Götter nur von uns? Ein Gefangener mag mit der Zeit lernen, seinen Kerker mit Geduld zu ertragen; aber wenn er schon fast entkommen ist, wenn er schon den ersten frischen Lufthauch geschmeckt hat... dann noch gepackt und zurückgeschafft zu werden in die klirrenden Ketten und das stinkende Stroh?« Nun gebrauchte er das gleiche Bild, um Joys Schicksal zu beschreiben: »Es ist, als hätte einen der Riese im letzten Augenblick doch noch eingefangen, nachdem man schon durch alle Tore und Sperren hindurchgekommen und fast außer Sichtweite seiner Burg gelangt war.«

Die Heilung war offensichtlich keine richtige Heilung gewesen; »nur eine Gnadenfrist, keine Begnadigung«, wie Jack seiner Brieffreundin in Amerika mitteilte. Und er fuhr fort: »Es scheint jedoch ein wenig Hoffnung zu bestehen, daß sie noch ein paar Jahre leben kann, und die Ärzte können immer noch etwas tun. Aber das sind alles ›Nachhutgefechte‹. Wir sind auf dem Rückzug.« Dann folgt ein Ausspruch, den er nur Monate zuvor in so anderem Sinne gemacht hatte: »Die Gezeiten haben sich gewendet. Natürlich kann Gott wieder tun, was er schon einmal getan hat. Der Himmel ist nicht so schwarz wie damals, als ich sie im Krankenhaus heiratete. Ihr Mut ist bewundernswert, und sie gibt mir mehr Kraft, als ich ihr geben kann.«

Warnie empfand sehr ähnlich und stellte fest, Joy sei von einer derartigen Tapferkeit und Vitalität, »daß man zu Zeiten die bitteren Tatsachen für Stunden, ja Tage, vergessen« könne. Doch die bitteren Tatsachen blieben bestehen, Krebsfraß und Wucherungen waren eindeutig wieder da – in einem Ausmaß, daß Joy humorvoll feststellte: »An mir sind so viele Krebsgefühle am Werk, daß sie wohl bald eine Gewerkschaft gründen werden.« Und im März 1960, drei Jahre nach der Trauung im Krankenhaus, sprachen die Tumore nicht mehr auf die Röntgentherapie an.

Jack hatte einmal gesagt, er und Joy lebten unter dem Damoklesschwert – diesem Schwert, das der Sage nach nur an einem Frauenhaar aufgehängt war. Jetzt schien es nur noch eine Frage der Zeit, bis das Haar reißen würde.

In seinem Buch *Du fragst mich wie ich bete* hat Jack ein paar Jahre später diese qualvolle Situation noch einmal nachvollzogen:

»Unterdessen heißt es für Dich: warten – abwarten, bis die

Röntgenaufnahmen entwickelt sind und der Spezialist seine Untersuchungen abgeschlossen hat. Und während Du wartest, mußt Du trotzdem weiterleben – wenn man sich nur im Boden verkriechen, überwintern, es verschlafen könnte. Und dann die grauenhaften Nebenerscheinungen der Angst; das forwährende Kreisen der Gedanken, ja die heidnische Versuchung, nach unvernünftigen Vorzeichen Ausschau zu halten. Man betet; aber solche Gebete sind zur Hauptsache selber eine Form der Angst...«

Unmittelbar versuchte er, seine Gefühle in ein Gedicht zu fassen. Es heißt »Rückfall« und endet:

> »...all unser früh'rer Schmerz,
> Des Arztes ganze Müh – umsonst.
> Das Unerträgliche, das wir
> (vergeblich zwar) schon einmal trugen,
> Muß immer noch getragen sein.«

Der Krebs breitete sich unaufhaltsam in Joys Körper aus, doch sie wehrte sich mit aller Kraft. Eine Mischung aus Glaube und Willensstärke hielt sie aufrecht. Außerdem hoffte sie noch auf die Erfüllung *eines* brennenden Wunsches. Sie wollte mit Jack noch einmal eine so glückliche Reise machen, wie es die Hochzeitsreise gewesen war. Diese Reise sollte freilich etwas weiter führen als nur bis zur Grünen Insel – Joy wünschte sich, mehr als alles andere, einmal Griechenland sehen zu können.

»Holdes Griechenland!« hat Byron geschrieben, »trauriger Überrest vergangener Größe! Unsterblich noch im Nichtmehrsein; gefallen und doch erhaben!« Ein passender Ort für eine letzte Odyssee.

1959 hatten die Freunde June und Roger Lancelyn Green Griechenland bereist und bei ihrer Rückkehr so begeistert davon erzählt, daß Jack gesagt hatte, wenn sie nochmals gingen, würden er und Joy gerne mitkommen. So buchte Roger im Lauf des Jahres für alle vier eine Tour für den kommenden Frühling.

Obwohl Jack die Sagen des Klassischen Altertums von Kind auf liebte, hatte es ihn nie gelockt, das Land ihrer Entstehung einmal zu besuchen; er fürchtete, die Wirklichkeit würde nicht an seine Vorstellungen heranreichen. Er hatte überhaupt nie besondere Lust zum Reisen empfunden und die Britischen Inseln nur zweimal in seinem Leben verlassen: Das erste Mal als Achtjähriger, als er nach Dieppe in die Ferien fuhr, und dann als Soldat in Frankreich. Jetzt aber tat Jack, was er nur konnte, um Joys – gewiß letzte – Tage so glücklich und erfüllt wie möglich zu gestalten.

Wenn er sich auch bemühte, sich nichts davon anmerken zu lassen, muß doch der Gedanke, mit einer Schwerkranken eine so anstrengende Reise zu unternehmen, Jack große Sorgen bereitet haben. Er allein wäre der Situation kaum gewachsen gewesen, wenn sich Joys Zustand plötzlich ernsthaft verschlechtert hätte, litt er doch selbst an Osteoporose und erhöhtem Blutdruck. Darum war es entscheidend, daß sie die Reise zusammen mit verständnisvollen Freunden machen konnten, die bereit und in der Lage waren, nötigenfalls zu helfen. Zwei bessere Reisegefährten als die Greens hätte Jack schwerlich wählen können.

Roger Lancelyn Green war zu Beginn seines Studiums am Merton College zum ersten Mal in Griechenland gewesen und seither dem Zauber dieses Landes und seiner Literatur verfallen. Später hatte er Kindergeschichten geschrieben, die in Griechenland spielten, und eine meisterhafte Nacherzählung der griechischen Heldensagen verfaßt. Rogers lebhafte Frau June war als belesene und unterhaltsame Gesprächspartnerin eine ideale Gefährtin für Joy.

Nun rückten mit dem Wiederaufleben der Krankheit die Ferienpläne ins Ungewisse. Doch Jack versuchte zuversichtlich zu bleiben. Im selben Brief, in dem er Roger berichtet, daß Joy wieder in der Gewalt des Riesen sei, schreibt er: »Ob uns ein zweites Wunder vergönnt wird oder, wenn nicht, wann das Todesurteil vollstreckt wird, bleibt ungewiß. Es ist durchaus möglich, daß sie die Griechenlandreise nächsten Frühling machen kann. Bete für uns.«

Daß Jack dennoch sehr in Sorge war, kommt in einem Brief vom März 1960 an Arthur Greeves zum Ausdruck. Er schreibt: »Der Krebs breitet sich in fast allen Teilen ihres Skeletts wieder aus. Sie versuchen es mit Bestrahlungen, aber kaum haben sich die Schmerzen am einen Ort beruhigt, brechen sie am nächsten aus. Die Ärzte haben keine Hoffnung mehr auf Heilung... Wir möchten in den Ferien per Flugzeug eine Reise nach Griechenland machen. Bis zum Sommer zu planen, können wir kaum wagen...«

Joy kämpfte auf verlorenem Posten, aber sie kämpfte weiter und war, als der Frühling kam, entschlossen, den Griechenlandbesuch nun erst recht zu wagen. Die Warnung des Arztes, daß sie sich damit in große Gefahr stürze, schlug sie unbekümmert in den Wind. »Lieber mitten aus dem Glück herausgerissen werden, als noch lange jämmerlich dahinsiechen«, schrieb sie an Bill. »Am liebsten auf den Stufen des Parthenon!«

Am Sonntag, dem 3. April 1960, verabschiedete Douglas die vierköpfige Reisegesellschaft auf dem Londoner Flughafen. Eine kleine Viking-Maschine brachte sie über Lyon, Neapel und Brindisi nach Athen.

Jack hatte Roger und June absichtlich nicht gesagt, wie schlecht es Joy ging, aber aus Joys heftigen Schmerzen schlossen sie bald selbst, daß keine Hilfe mehr möglich war. Der ziemlich unruhige Flug nahm Joy stark mit, und in Athen konnte sie nur mit größter Mühe vom Flugzeug bis zum Flughafengebäude humpeln. Rogers Tagebuch vermerkt: »Wir lernten sofort das griechische Wort für ›Rollstuhl‹ – und werden immer einen bestellen.«

Am nächsten Morgen fühlte sich Joy nicht wohl genug, um mit den anderen Marathon zu besuchen, und Jack blieb mit ihr im Hotel. Zum Mittagessen aber trafen sie sich mit Roger und June und wagten danach eine Rundfahrt durch Athen – dem »Auge von Hellas«, der »Mutter von Kunst und Rhetorik«.

Dabei vollbrachte Joy das erste von etlichen Wundern: Sie erstieg die Akropolis. Dort oben suchten sich Jack und Joy auf den Stufen der Propyläen (des grandiosen Tors der einstigen Götterburg) einen Platz zum Verweilen und »tranken«, wie Roger berichtet, »die Schönheit des Parthenon und des Erechtheion in sich hinein – Säulen aus honiggelbem und altelfenbeinfarbenem Marmor, und dahinter der tiefblaue Himmel mit ein paar weißen Wölkchen«.

Am Dienstag fuhren sie nach Mykene, der nach der alten Sage durch die einäugigen Zyklopen erbauten Stadt König Agamemnons und seines Sohnes Orest. Jack war tief beeindruckt vom Löwentor und den wuchtigen, aus mächtigen Steinquadern errichteten Mauern. Welch ein großartiges Erlebnis, an dem Ort zu stehen, an dem sich eines der größten Dramen der Antike abgespielt hatte. »Ich werde nie vergessen«, schreibt Roger, »wie Jack plötzlich stillstand und mit einer Stimme, die zwischen heiliger Scheu und Bestürzung schwankte, ausrief: ›Mein Gott! Der *Fluch* ist immer noch da!‹«

Mittwoch, der 6. April, wurde nach Rogers Aufzeichnungen »der denkwürdigste Tag der ganzen Reise«. Jack, schreibt er, habe später sogar behauptet, es sei einer der größten Tage seines Lebens gewesen – der letzte der herrlichen Tage vollkommenen Glücks. Per Mietwagen und mit einem Fahrer, der nur ein paar Brocken Englisch konnte, fuhren sie nach Daphni mit seinem berühmten Apollo-Tempel und der byzantinischen Kirche, deren riesiges, kuppelfüllendes Christusmosaik den ganzen Bau beherrscht: Symbole des alten und des neuen Glaubens Seite an Seite nebeneinander.

Von Daphni aus fuhren sie nach Eleusis und bestaunten die alte Festung mit ihren mächtigen, über zweieinhalb Meter dicken Mauern, und dann weiter – »durch wohlriechende Pinienwälder« und »in der Sonne silbrig glänzende Olivenhaine« - zu dem winzigen Küstendorf Ägosthena, wo sie am Strand des Golfs von Korinth genüßlich ein wenig Ouzo und Retsina tranken und zum Abendbrot gebackenen Tintenfisch, Meerbarben, Schafkäse und frischgepflückte Orangen verspeisten.

Über diesen Tag hält Roger Lancelyn Green in seinem Tagebuch fest: »Wir saßen dort mehrere Stunden, das sonst so lebhafte Gespräch verlor sich in zufriedenem Schweigen, das nur durch das durchdringende Summen der Bienen, den Ruf der Zikaden und das sanfte Aufschlagen der Wellen gebrochen wurde; das dunstige Blau der Bucht und das wunderbar durchsichtige griechische Licht nahmen uns in ihren Bann und versetzten uns in einen Zustand absoluter Zufriedenheit...«

In den folgenden Tagen besuchten sie Heraklion auf Kreta, Knossos, Rhodos und viele andere historische Stätten. Alle vier genossen es, durch die klassischen Ruinen und die kleinen griechischen Dörfer zu streifen und die einheimischen Weine und

Speisen zu kosten. Die Mahlzeiten waren ausnahmslos von angeregtem Gespräch begleitet. »Essen mit Jack und Joy vergnügt wie immer«, vermerkte Roger einmal, und an anderer Stelle: »Glänzendes Wortgefecht zwischen Jack und Joy, beide waren in ihrem Element: Wir konnten kaum mithalten...«

Über einen lustigen Vorfall bei einer dieser Mahlzeiten berichtet Roger am 10. April, auf Kreta: »Man ließ uns stundenlang auf ein ganz gewöhnliches Essen warten; und die Musikkapelle machte einen ohrenbetäubenden Lärm. Schließlich begann Joy, mit Brotkügelchen nach dem nächstsitzenden Musikanten zu schießen, und alle vier reimten wir zum Zeitvertreib den folgenden Unsinn zusammen:

Jack: Wir gondeln von Kneipe zu Kneipe an Griechenlands Stränden,

Joy: Wenn nur meine Ohren 'nen Augenblick Ruhe fänden!

June: Wenn nur dieser Kreterkrach aufhörte, uns zu stören,

Roger: Dann könnte mein Engländer-Trommelfell wieder hören.

Jack: *Meins* nicht mehr; es barst von der markerschütternden Wucht,

Roger: Der Lärm schlüge selbst die wackern Kureten in Flucht.

June: *Wir* übertönen ihn noch mit unserm Gebrülle.

Joy: Tackbumm! Das war Joys Geschoß! Mensch, sei endlich stille!

Jack: Welch sichere Hand, welche Kühnheit, welch Wille!«

Doch bei aller gemeinsamen Freude und Vergnügtheit ging es Joy alles andere als prächtig. Gegen Ende der Ferien bereitete ihr das Ein- und Aussteigen in die hohen Busse solche Schmerzen, daß Jack und sie schließlich mit einem Mietauto hinter dem Bus herfuhren. Es wurde zum festen Ritual, daß sich Roger bei jeder Rast sofort nach einem passenden Lokal umsah: »Wir hatten mit der Zeit gemerkt, daß Joy oft Schmerzen hatte und etwas Alkohol sie lindern konnte; so übernahm ich es, in die nächste Taverne zu stürzen, ›tessera ouzo‹ zu bestellen und dafür zu sorgen, daß sie auf einem günstiggelegenen Tisch bereitstanden, wenn June, die Jack und Joy aus dem Bus oder dem Auto half, mit ihnen erschien.«

Kurz vor seinem eigenen Tod hat Jack einmal, an die Griechenlandreise zurückdenkend, zu Pater Walter Hooper gesagt: »Joy wußte, daß sie bald sterben würde; ich wußte, daß sie bald sterben würde; und *sie* wußte, daß *ich* es wußte – doch als wir die Schafhirten in den Bergen auf ihren Flöten spielen hörten, schien das ganz gleichgültig zu sein.«

Hier, in diesem irdischen Paradies, standen sie unmittelbar an der Grenze zu Aslans Land; wie gelassen konnte man von hier aus dem bevorstehenden Abschied vom Reich der Schatten entgegensehen...

Doch nur zu bald war die Zeit um, und die vier Freunde flogen über Pisa zurück nach London, wo am 14. April ihre Reise endete. Roger Lancelyn Greens Ferientagebuch schließt mit den Worten: »Das Letzte, was ich von Joy sah, war, wie Jack sie im Rollstuhl raschen Schrittes zum wartenden Auto schob.«

Trotz aller Ängste und einiger Schwierigkeiten war die Reise also ein großes Erlebnis gewesen. In einem Brief an seinen Verleger Jocelyn Gibb schreibt Jack: »Griechenland war herrlich; wir brauchen unbedingt ein Wort mit der Bedeutung ›das-genaue-Gegenteil-einer-Enttäuschung‹. *Täuschung* geht nicht!« Und fünf Tage nach ihrer Heimkehr ließ Jack seine amerikanische Brieffreundin wissen, er könne Griechenland kaum beschreiben: »Attika ist von unvergeßlicher Schönheit und Rhodos ein Paradies auf Erden – Orangen- und Zitronenhaine, wilde Blumen, Rebstöcke und Olivenbäume und am Horizont die Berge von Kleinasien...« Von Joy schreibt er, sie sei »sehr erschöpft« und habe »überall Schmerzen. Aber ich hätte es ihr nicht abschlagen können. Der zum Tode Verurteilte darf sich sein Leibgericht wünschen, selbst wenn es ihm nicht bekommt. Sie ist von dem, was sie gesehen hat, restlos hingerissen. Aber beten Sie für uns: Der Himmel wird sehr dunkel...«

Joys Zustand verschlechterte sich nun rasch, und das machte ihnen die Zeit in Griechenland um so kostbarer. In einem Brief an Chad Walsh berichtet Jack, Joy sei jetzt »wieder in einer *nunc-dimittis-Gemütsverfassung*, nachdem ihr größter, lebenslänglicher

Diesseitswunsch über alles Hoffen in Erfüllung gegangen ist«. Sie müsse dafür nun allerdings »mit vermehrten Lähmungserscheinungen und Schmerzen in den Beinen einen hohen Preis zahlen. Nicht, weil sich die Anstrengungen irgendwie auf den Krebsverlauf ausgewirkt haben oder auswirken könnten, sondern weil es für die Muskulatur etc. zuviel war. Seither ist auch die ursprüngliche Verhärtung in der rechten Brust, mit der alles angefangen hat, wieder gewachsen. Sie mußte letzten Freitag entfernt werden – oder, wie Joy sich charakteristischerweise ausdrückt, sie ist ›zur Amazone gemacht worden‹. Diese Operation ist, gottlob, glimpflicher verlaufen, als wir zu hoffen wagten...«

Joys Brustamputation hatte am 20. Mai stattgefunden, genau fünf Wochen nach ihrer Rückkehr von Griechenland. Vierzehn Tage darauf war sie wieder zu Hause und – aus der humorvollen Art zu schließen, in der sie die Operation beschreibt – in guter Verfassung. Warnie hält fest, sie sei »strahlend aus der schweren Prüfung hervorgegangen«, und die Ärzte bezeichneten ihren Zustand als ermutigend.

Einmal mehr war sie an den Rollstuhl gebunden. Doch das war für Joy kein Grund, mit den Händen im Schoß auf den Tod zu warten. Sie schrieb Briefe – unter anderem gab sie Bill, der sie im Herbst in Oxford besuchen wollte, gute Ratschläge – und ließ sich von Warnie zur Bibliothek und durch den Garten von »The Kilns« fahren, um die Arbeiten in Blumengarten und Gewächshaus zu überwachen.

Dann, ganz unvermittelt, wurde Joy einmal mehr von der Krankheit ins Bett geworfen. Sie hatte schon ein paar Tage über Verdauungsbeschwerden geklagt, doch als es schlimmer wurde und Würgen und Erbrechen hinzukamen, wurde der Arzt gerufen. Er stellte eine Mageninfektion fest. In der Nacht vom Sonntag, dem 19. Juni, auf Montag verschlechterte sich Joys Zustand noch mehr; gegen Montagmittag sagte sie zu ihrer Pflegerin: »Das ist das Ende, ich weiß, daß ich am Sterben bin. Telegraphieren Sie nach Douglas.«

Der Krebs hatte nun offenbar Leber und Gallenblase erfaßt. Joy wurde mit dem Krankenwagen ins Acland Krankenhaus gebracht, wo sie dem Arzt erklärte: »Machen Sie's kurz mit mir. Ich mag nicht nochmal operiert werden.« Doch eine Operation war gar nicht mehr möglich. Man gab ihr starke Schmerzmittel, und bald fiel sie ins Koma. »Es bleibt uns jetzt nichts mehr zu beten«, sagte Warnie, »als daß sie sterben kann, ohne noch einmal zu Bewußtsein zu kommen.«

Als die Jungen nach Hause kamen, war Jack im Krankenhaus. »Ich ging David bis zur Einfahrt entgegen«, schreibt Warnie in seinem Tagebuch, »und brachte es ihm so schonend wie möglich bei... Doug, der Ärmste, kam in Tränen an – er wußte es schon von seinem Schulleiter... er ist auch jetzt noch ein Häufchen Elend, obwohl die Vitalität seines Alters ihn vor der ärgsten Erschütterung schützt. Fast den ganzen Nachmittag Telefonanrufe, lauter gutgemeinte Nachfragen, die doch nichts nützen...« In einem späteren Nachsatz fügt Warnie hinzu: »Vergaß zu sagen, daß es der lieben Joy am letzten Donnerstag, dem 16., noch gut genug ging, an meinen 65. Geburtstag zu denken und mir ein Dutzend Taschentücher zu schenken.«

Das Ende schien gekommen. Doch eine Woche später schreibt Warnie: »Einmal mehr hat Joy die Ärzte und Schwestern an der Nase herumgeführt.« Sie hatte sich erholt und war wieder zu Hause. »...aber das ändert nichts an der schlimmen Gewißheit, daß es nicht mehr als ein Aufschub sein kann.« Immerhin kehrte Douglas in seine Schule zurück, wo er als Schulsprecher beim Schlußgottesdienst zu Trimesterende mitzuwirken hatte.

Ein paar Tage später, an einem Sonntag mittag, gingen Jack und Joy auswärts essen, und am nächsten Tag wurde sogar eine Autofahrt in die Cotswolds (Hügelkette im Südwesten Englands) unternommen. Jacks und Warnies Sorge war von jenem Optimismus durchzogen, der so oft von der Hoffnungslosigkeit hervorgebracht wird.

Wie jeden Abend brachte Warnie am 12. Juli Jack und Joy den Tee in das Zimmer hinunter, das jetzt Joys Krankenzimmer war: »Ich fand, sie sehe beträchtlich besser aus, und sie sagte auch selbst, sie fühle sich wohler... als ich wieder ging, spielte sie mit Jack Scrabble; und vor dem Einschlafen klang es von unten herauf, als ob sie zusammen ein Drama läsen...«

Später sollte Jack schreiben: »Wie lang, wie gelassen, wie erquickend haben wir uns am letzten Abend noch unterhalten!«

Einmal hatte Joy zu Jack gesagt: »Selbst wenn wir beide im gleichen Augenblick stürben, so wie wir hier nebeneinanderliegen, wäre es ebensosehr eine Trennung wie die, vor der du solche Angst hast.« Später, vielleicht in derselben Nacht, bat Jack sie: »Wenn du kannst – wenn du darfst – komm zu mir, wenn ich einmal im Sterben liege.« »Wenn ich darf!«, gab sie zurück. »Der Himmel hätte allerhand zu tun, wenn er mich halten wollte; und was die Hölle angeht, die würde ich zu Kleinholz machen.« »Sie wußte«, schreibt Jack, »daß sie eine Art mythologische Sprache sprach und das Ganze ein bißchen ins Komische zog. Sie sagte es mit einem weinenden und einem lachenden Auge. Aber es war ihr ernst damit, und dieser Ernst, der sie, tiefer als jedes Gefühl, beseelte, war alles andere als mythisch oder komisch.«

Am Morgen des 13. Juli, um 6.15 Uhr, wurde Warnie von entsetzlichen Schreien aus dem Schlaf gerissen. Er stürzte die Treppe hinunter und fand Joy in großen Schmerzen. Er holte Jack aus dem Bett und rief den Arzt an. Innerhalb einer Stunde war sie mit Medikamenten vollgepumpt, die jedoch wegen der überaus starken Gewöhnung nicht viel mehr vermochten, als sie schläfrig zu machen.

Die folgenden Stunden vergingen voller Hektik. Jack bemühte sich vergeblich um Joys Aufnahme in einem Krankenhaus. Schließlich konnte er ihren Chirurgen bewegen, ihr in seiner privaten Abteilung im Radcliffe Krankenhaus ein Bett zu geben. Um 13.30 Uhr kam der Krankenwagen, und Jack fuhr mit Joy in die Klinik.

Welch eine Flut von Erinnerungen muß auf dieser Fahrt über Jack hereingebrochen sein! War dies wirklich der Mann, der nur ein paar Jahre früher gesagt hatte, er begreife nicht, wie jemand eine *Frau* heiraten könne, wo doch nach sechs Monaten alle Gesprächsthemen aufgebraucht wären? Sollte dieser gleiche Mann erst kürzlich in solcher Leidenschaft und Qual geschrieben haben?:

»Daß ich dich liebe – nichts als schöne, leere Worte!
Zeitlebens hab ich doch nur an mich selbst gedacht.
Ich will von andern – Gott und dir und allen Freunden –
Nur daß ihr für mich da seid, meinem Zweck zu dienen.

Selbstsüchtig denk ich an mein eignes Wohlergehen,
Und keinen Fingerbreit komm ich aus meiner Haut.
Ich kann zwar über Liebe – angelernt – schön reden,
Und dreh dabei doch immer um die eigne Achse.

Nun aber hast du mir gezeigt, wie arm ich war.
Ich seh (ach, spät) die Kluft, und deine Liebe formte
Mein Herz zu einer Brücke, die mich Ausgeschlossenen
Zurück ins Menschsein führte. Und nun bricht die
Brücke...«

Er nannte das Gedicht *As the Ruin Falls* (Da die Ruine fällt). Es endet:

»Ich segne dich, da die Ruine fällt. Die Leiden,
Die du schenkst, sind über alle Maßen kostbar.«

Nachmittag und Abend verliefen ruhig. Joy dämmerte vor sich hin. Doch wenn sie wach wurde, war sie sich dessen, was geschah, voll bewußt. Sie bat Jack, ihren Pelzmantel zum Abschied Katherine Farrer zu schenken, und wünschte, daß Austin Farrer ihren Begräbnisgottesdienst hielte. Sie wollte eingeäschert werden und fügte hinzu: »Kauft mir keinen teuren Sarg; teure Särge sind Unsinn.«

Am späteren Abend rief der Arzt Jack aus dem Zimmer und teilte ihm mit, Joy werde nun sehr rasch sterben. Als Jack zu ihr zurückkam, sagte er ihr, daß das Ende nahe sei, worauf sie antwortete, dies sei die beste Nachricht, die man ihr jetzt bringen könne.

Dann erteilte Austin Farrer Joy die letzte Absolution: »Der allmächtige Gott, unser himmlischer Vater, der in seiner großen Gnade allen, die in herzlicher Buße und aufrichtigem Glauben zu ihm kommen, Vergebung der Sünden verheißen hat, sei dir gnädig; er vergebe dir und erlöse dich von allen deinen Sünden; er segne dich und stärke dich in allem Guten; und führe dich zum ewigen Leben; durch Jesus Christus, unseren Herrn...«

Zu Jack sagte sie noch: »Du hast mich glücklich gemacht.« Dann, etwas später: »Ich habe Frieden mit Gott.«

Sie starb abends um 10.15 Uhr.

»Sie lächelte«, hat Jack später gesagt, »doch es galt nicht mir.«

». . . *Aber während sie weitergingen, kam es ihnen vor, als reiche der Himmel hier wirklich – so seltsam es war – bis auf die Erde herab und berühre sie – eine blaue Wand, leuchtend hell, aber fest und mit Händen zu greifen. Am ehesten hätte man sie mit einer Glaswand vergleichen können. Und bald darauf waren sie völlig sicher. Die Wand war jetzt ganz nah.*

Doch auf der Wiese zwischen ihnen und dem Fuß der Himmelswand befand sich etwas, das war so weiß, daß sie selbst mit ihren Adleraugen kaum hinsehen konnten. Als sie näher kamen, sahen sie, daß es ein Lamm war.

›Kommt und frühstückt‹, sagte das Lamm mit seiner zarten Milchlammstimme.

Da sahen sie erst, daß auf der Wiese ein Feuer brannte, über dem Fische brieten. Sie setzten sich hin und aßen den Fisch. Zum ersten Mal seit vielen Tagen waren sie hungrig. Und es war die beste Mahlzeit, die sie je gegessen hatten.

›Bitte, Lamm‹, sagte Lucy. ›Ist dies der Weg in Aslans Land?‹

›Nicht für euch‹, antwortete das Lamm. ›Für euch liegt die Tür zu Aslans Land in eurer eigenen Welt.‹

›Was!‹ rief Edmund. ›Gibt es auch von unsrer Welt einen Weg in Aslans Land?‹

›Aus allen Welten führt ein Weg zu meinem Land‹, sagte das Lamm. Doch während es sprach, verwandelte sich sein schneeweißes Fell in gelbbraunes Gold. Das Lamm wurde größer und größer, und es war Aslan selbst, der über ihnen thronte und aus dessen Mähne Licht fiel . . .«

Ein Schiff aus Narnia

Über die Trauer

»Ich hatte schon gewaltsames Sterben mitangesehen; aber einen natürlichen Tod hatte ich nie zuvor erlebt. Das ist etwas ganz anderes, nicht wahr?« schrieb Jack später einmal.

Er ging aus der Klinik nach Hause und brachte Warnie die Nachricht. Dieser schrieb noch abends spät in sein Tagebuch: »Gott gebe ihrer Seele Frieden. Sie fehlt mir in einem Maß, wie ich es nie für möglich gehalten hätte.«

Als Warnie viele Jahre später über diesen Lebensabschnitt seines Bruders nachdachte, beschrieb er ihn als »eine kurze Episode der Glückseligkeit und Tragik: Für Jack die volle (wenn auch überaus schmerzliche) Erfüllung einer ganzen Dimension seiner selbst, die vorher verkümmert brachgelegen hatte.«

Doch nun begann Warnie – wie schon so oft in Zeiten großer Bedrängnis – wieder zu trinken. Als vor Jahrzehnten jene andere Tragödie über das Leben der beiden Brüder hereingebrochen war, hatten sie beieinander Trost gesucht wie »zwei Junge, die sich in einer rauhen Welt wärmesuchend aneinanderklammern«. Jetzt stand Jack allein da.

Douglas war einmal mehr von der Schule heimgerufen worden. Diesmal zu spät; seine Mutter war bereits tot. Er erzählt darüber: »Ich kam in ›The Kilns‹ an, trat durch die Vordertüre ein und ging ins Wohnzimmer. Jack stand neben dem Kamin. Der Mann schien in der einen Woche, seit ich ihn zuletzt gesehen hatte, um zwanzig oder dreißig Jahre gealtert.«

Obwohl es die damalige Sitte einem Vierzehnjährigen verbot, Gefühle zu zeigen, konnte er seinen Schmerz nicht zurückhalten. »Ich sah ihn an und sagte nur: ›Oh, Jack!‹ und brach in Tränen aus.« Und Jack tat daraufhin etwas für ihn ganz Ungeheuerliches – er schloß Douglas in die Arme.

Jack besaß zwar eine Menge Freunde und gute Bekannte,

doch er »hatte es nie ausstehen können, von Leuten meines Geschlechts geküßt oder umarmt zu werden«. Er bekannte das einmal als Charakterschwäche und fügte hinzu: »Übrigens eine unmännliche Schwäche; Äneas, Beowulf, Roland, Lancelot, Johnson und Nelson wußten nichts davon.«

Wäre er Vater gewesen, hätte er diese Hemmung vielleicht überwinden können, doch Stiefvater zu werden, hatte nicht genügt, um ihn ganz zu heilen. Dennoch schritt er jetzt vom anderen Ende des Zimmers auf Douglas zu und nahm ihn in die Arme. Eine Minute oder länger hielten sie sich umschlungen. »Das war«, erinnert sich Douglas, »das erste und einzige Mal, daß wir uns körperliche Zuneigung zeigten.«

»Ja«, sagte Jack, als sie sich voneinander lösten, »es wird uns wohl nichts anderes übrig bleiben, als weiterzuleben...«

Montag, der 18. Juli – der Tag von Joys Beerdigung – war nach Warnies Aufzeichnungen »ein sonniger, windiger Tag mit großen weißen Wolken«. Um 11.15 Uhr holte ein Taxi Jack, Warnie, David und Douglas von »The Kilns« ab; ihnen folgten in einem zweiten Auto Lewis' Haushälterin mit ihrem Mann und Joys Pflegerinnen. »Bei der Kreuzung«, fährt Warnies Bericht fort, »trafen wir – per Zufall, nicht absichtlich – auf den Leichenwagen; zum letzten Mal fuhr unsere geliebte Joy die Straße nach Studley entlang. Außer den Farrers machte sich keiner von Jacks Freunden die Mühe, zur Trauerfeier zu erscheinen...«

Warum hielten sich Jacks übrige Freunde so auffallend fern? War es, wie manche vermutet haben und Jack glaubte, eine Demonstration ihrer wahren Einstellung zu Joy und seiner Ehe? Gewiß, nicht alle hatten Joy gemocht, und einige hatten sie für eine Schmarotzerin gehalten, die es irgendwie geschafft hatte, sich in Jacks Leben einzunisten. Aber das erklärt nicht, warum auch jene fortblieben, die Joy längst akzeptiert und liebgewonnen hatten.

Etliche, darunter Roger Lancelyn Green und seine Frau, hatten einfach nicht rechtzeitig erfahren, daß Joy gestorben war; und von denen, die es wußten, wäre es nach Douglas Greshams Meinung vielen allzu schwer geworden, Jacks Leid mitanzusehen.

Die Trauerfeier fand, wie Warnie berichtet, »in einer hübschen, schlichten, von Sonnenlicht durchfluteten Kapelle statt; und es gab, ›Gott sei Dank‹, keine Musik.« Austin, der den Gottesdienst leitete, »konnte fast nicht sprechen, so groß war die emotionale Anspannung«, was Douglas tief berührte: »Etwas vom Schwersten, was ich je tun mußte«, schreibt er, »war es, zuzuhören, wie Austin Farrer unter Tränen versuchte, seine Predigt zu halten, und dabei nicht selbst loszuheulen.«

Für solch eine starke, tapfere Seele wie Joy, welch ein herzzerbrechender und erschütternder Ausklang! »Zuletzt«, schließt Warnie, »wurde der Sarg fortgeschoben, und der Vorhang, von unsichtbarer Hand gezogen, verbarg ihn für immer vor unseren Augen. Die Kremation ist ohne Zweifel das würdigste Ende; Joy ist nun wirklich wieder Staub, unter dem klaren Licht der Sonne zu Staub zurückgekehrt…«

Sie verließen die Kapelle und schritten durch die Bäume und Blumenbeete des Friedhofs von Headington zurück zu den Autos. Vor Jahren hatte Jack auf die Frage eines Briefschreibers geantwortet, er habe »lieber Bäume als Blumen, insofern als ich, wenn ich in einer Welt ohne das eine oder das andere leben müßte, lieber die Bäume behalten würde. Ich mag auch eindeutig lieber baumhafte Menschen als blumenhafte – lieber aufrechte, knorrige, wetterfeste Typen als so zierliche, zarte, hinfällige Pflänzchen, die kein Lüftchen vertragen.« In Joy war ihm eine Frau begegnet, in der die besten Eigenschaften beider Menschentypen vereint waren: Aufrecht und doch zart, hatte sie Stürmen standgehalten, denen andere längst erlegen wären.

Nun also mußte Jack versuchen, »weiterzumachen«. Es war alles andere als einfach. Er hatte einmal leichthin gesagt: »Sterben ist keine Schande; das tun die ehrenhaftesten Leute!« Aber war es nicht beinahe schändlich, zu trauern? »Er wurde mit seiner Trauer nicht fertig«, meint Douglas, »er litt unter seiner Trauer – er tat sich unendlich schwer damit. Manchmal brauchte jemand Mrs. Lewis nur zu erwähnen, und schon verlor Jack die Fassung und brach in Tränen aus.«

Über einen Verlust anderer Art sagt die Heldin von *Du selbst bist die Antwort*: »Es war, als ob meine Seele ein einziger Zahn gewesen wäre, und der war nun gezogen. Ich war eine klaffende

Lücke.« Genauso fühlte sich Jack jetzt. Seiner Brieffreundin in Amerika vertraute er an: »Ich kann nicht beschreiben, wie unwirklich mir mein Leben vorkommt... Ich bin augenblicklich wie ein Schlafwandler...«

Doch bei wem konnte er Trost suchen, dieser Mann, der immer nur anderen geholfen hatte? Nicht bei seinen Schülern, nicht bei Kollegen oder Freunden. Nicht bei seinem Bruder oder bei den Jungen. »Mit den Kindern kann ich nicht über sie reden«, schreibt er. »Sobald ich es versuche, erscheint auf ihren Gesichtern nicht Trauer oder Liebe oder Angst oder Mitleid, sondern der fatalste aller Widerstände – Verlegenheit. Sie machen Gesichter, als sage ich etwas Unanständiges. Ich kann ihnen nicht rasch genug davon aufhören. Genauso habe ich es selbst nach dem Tod meiner Mutter empfunden, sooft mein Vater sie erwähnte. So sind eben Kinder...«

»Er merkte einfach nicht«, wendet Douglas ein, »daß ich, wenn er weiter von meiner Mutter redete, in Tränen ausbrechen würde – es war diese Angst, die mich verlegen machte...« Schon als Jack über den Tod seiner eigenen Mutter geschrieben hatte, war sein Gedächtnis so von Trauer umwölkt gewesen, daß er sich nicht deutlich erinnern konnte – so daß er rückblickend sich selbst (und nun David und Douglas) als herz- und gefühllos darstellte.

Gefühle waren für Jack immer »etwas Störendes, Verwirrendes, ja Gefährliches«, gewesen (so hatte er im ersten Kapitel seiner Autobiographie gesagt). Sechzig Jahre lang hatte er sie gemieden, weil er argwöhnte, daß sie ihm unweigerlich Schmerz und Leid bringen würden. Dann hatte Joy den Schutzpanzer durchbrochen und das Lebewesen dahinter ans Licht gebracht; und es war eine herrliche und keineswegs beängstigende Erfahrung gewesen. Doch nun folgten, mit unglaublicher Grausamkeit, tatsächlich Schmerz und Leid, und ihre Wirkung war um so verheerender, als Jack sich ihnen zum ersten Mal schutzlos und unvorbereitet ausgeliefert sah.

»Ich verbringe nicht nur jeden endlosen Tag in Trauer, sondern ich verbringe jeden Tag damit, darüber nachzudenken, daß ich jeden Tag in Trauer zubringe... was soll ich tun?« Die Antwort für einen Schriftsteller hieß: Schreiben. Tag für Tag zeichnete er auf, was er litt und fühlte: »Ich glaube, indem ich alles aufschreibe (alles? – nein: einen Gedanken unter hundert), komme ich ein bißchen daraus heraus...«

Hier, auf den anonymen Blättern eines Schreibhefts, konnte der Verfechter des Christentums seine Zweifel frei aussprechen, der große Lehrer unbeantwortbare Fragen stellen:

»Ich blicke zum Nachthimmel empor. Gibt es etwas Gewisseres, als daß ich in all den unermeßlichen Zeiten und Räumen, wenn ich sie durchforschen dürfte, nirgends ihr Gesicht, ihre Stimme, ihre Berührung fände? Sie ist gestorben. Tot. Ist das Wort so schwer zu lernen?«

Es *war* schwer zu lernen, und außer in seiner Arbeit, »wo die Maschinerie scheinbar wie gewohnt weiterläuft«, brachte ihn die Auseinandersetzung mit Joys Tod physisch und psychisch an den Rand der Erschöpfung. Abgesehen von seinen kurzen Aufzeichnungen über die Trauer, war er außerstande zu schreiben; auch das Lesen war ihm zuviel, und Alltagspflichten wie etwa das Waschen und Rasieren schienen ihm mühselig und überflüssig.

Dann, plötzlich, gab es Augenblicke, da Jack empfand, er könnte doch über seinen Kummer hinwegkommen; da sein gesunder Menschenverstand ihm zuredete, er sei doch, bevor er Joy kennengelernt habe, auch schon glücklich gewesen, und ihm versicherte, er werde es eines Tages – schon bald – wieder sein. Aber dann stand die Erinnerung an das, was er verloren hatte, wieder vor ihm; die vernünftigen Argumente verschwanden »wie eine Ameise im Schlund eines Hochofens«, und einmal mehr war er nur noch ein »wimmerndes Kind«:

»Leib und Seele schreien: ›Komm zurück, komm zurück‹... Aber ich weiß, daß das unmöglich ist. Ich weiß, daß ich das, was ich begehre, nie mehr bekommen kann. Das frühere Leben, die Scherze, das gemeinsame Glas Bier, die Diskussionen, die Zärtlichkeit, die winzigen, ach, so lieben Belanglosigkeiten des Alltags...«

Von dieser verzweifelten Sehnsucht handelt ein Gedicht, dem Jack den verschlüsselten Titel »Joys that Sting« (Freuden, die stechen) gegeben hat:

»Allein die alten Wege gehen – oder gar nicht,
Und unterwegs nur ein Glas Bier, statt zwei, bestellen.
Den Scherz, der einem auf den Lippen liegt, nicht machen,
Weil ihn doch keiner außer dir verstehen würde;

Und lachen (wieder lachen, oh!), und diskutieren,
Wie wir es damals taten, als du noch dabei warst,
Sich lustlos täglich mühen, drüber wegzukommen,
Zu alten Freunden nett sein, Anteilnahme zeigen –
Wenn mir doch niemand mehr – oh Gott! – solang ich lebe,
Das kleinste Alltagswörtchen sagt, wie du es sagtest…«

Viele meinten, Jack müßte doch in seinem Glauben Trost finden, aber er fand ihn nicht: »Sprecht mir von der Wahrheit der Religion, und ich will euch gern zuhören. Sprecht mir von der Pflicht der Religion, und ich will euch demütig zuhören. Aber kommt mir nicht und sprecht vom Trost der Religion, sonst schöpfe ich Verdacht, daß ihr nichts versteht.« Wieder und wieder konstruierte er die kompliziertesten Gedankengebäude, um seinen Glauben zu begründen – doch unter dem Gewicht seiner Trauer brachen sie zusammen wie Kartenhäuser.

Die Tür war ihm »vor der Nase zugeschlagen und von innen abgeschlossen, verrammt und doppelt verriegelt worden«. So viel er auch klopfte – die Antwort, so schien es ihm, blieb aus. Selbst die Erinnerung ließ ihn im Stich. Jack merkte, daß er nicht einmal eine gute Fotografie von Joy besaß und daß er – während ihm die Gesichter völlig Unbekannter, die auf der Straße an ihm vorübergegangen waren, manchmal lebendig vor Augen standen – sich an die Züge der Frau, die er liebte, kaum mehr erinnern konnte.

»Was jedes Gebet und jede Hoffnung erstickt, ist die Erinnerung an all die Gebete, die wir vor Gott gebracht haben, und an all die falschen Hoffnungen, die wir uns machten. Hoffnungen, die nicht nur aus unserem eigenen Wunschdenken kamen; sondern Hoffnungen, die uns nahegelegt, ja geradezu aufgedrängt wurden durch falsche Diagnosen, Röntgenbilder, ein unerkärliches Nachlassen der Beschwerden, durch eine vorübergehende Besserung, die man wirklich als Wunder betrachten konnte.

Schritt für Schritt hat er uns in die Irre geführt. Immer, wenn er besonders gnädig schien, hat er in Wirklichkeit die nächste Folter vorbereitet...«

Wie, wenn Gott böse wäre? Wie, wenn die Menschen nichts weiter wären als Ratten, die im Laboratorium eines himmlischen Wahnsinnigen in der Falle säßen und auf ihre Vivisektion warteten?

Es war eine in leidenschaftlichem Schmerz geborene Vorstellung – es war, so Jack, »mehr Aufschrei als Gedanke« – aber nichtsdestoweniger mußte es nun zu Ende gedacht werden. »Ist es vernünftig«, fragte er, »an einen bösen Gott zu glauben? An einen Gott, der zu so etwas fähig ist? Einen kosmischen Sadisten, einen tückischen Schwachsinnigen?« Nein, widerstand er sich selbst, das kann nicht vernünftig sein. Das anzunehmen, würde heißen, Gott von der Tafel zu wischen. Dann bliebe »kein Grund, ihm zu gehorchen. Nicht einmal die Furcht. Wir würden zwar seine Drohungen und Versprechen kennen, aber warum sollten wir sie ihm glauben? Wenn Grausamkeit von seiner Warte aus ›gut‹ ist... kann das, was er *Himmel* nennt, für uns durchaus die *Hölle* bedeuten und umgekehrt...«

Viele von Jacks Bewunderern wären zutiefst erschrocken, wenn sie gewußt hätten, daß er sich mit solchen Zweifeln trug, solche Ängste zuließ. In gewisser Weise erschrak er selbst darüber: »Warum gebe ich solchem Schmutz und Unsinn in meinem Denken Raum?« Jedoch – indem er sich seinen schlimmsten Phantasien stellte, konnte er sie überwinden.

Während er Tag für Tag über seine Trauer schrieb, begann seine Vorstellung von Gott sich zu wandeln. Was immer Gott mit ihm tat, es war kein Experiment: »Gott hat nicht mit meinem Glauben oder mit meiner Liebe experimentiert, um herauszufinden, was sie wert sind. Das weiß er schon längst. Nur ich habe es nicht gewußt. Er läßt uns bei der Untersuchung gleichzeitig auf der Anklagebank, im Zeugenstand und auf dem Richterstuhl sitzen. Er hat schon immmer gewußt, daß mein Tempel ein Kartenhaus war. Aber er konnte es mir nicht anders beibringen als dadurch, daß er ihn einstürzen ließ...«

Drei Hefte hatte Jack bereits gefüllt. Im vierten endlich beginnt ein neuer Friede durchzuschimmern. »Langsam merke ich, daß die Türe nicht mehr verschlossen und verriegelt ist. War es meine eigene verzweifelte Not, die sie mir vor der Nase zugeschlagen hat? Vielleicht kann uns Gott seine Hilfe gerade dann nicht geben, wenn unsere Seele nur ein einziger großer Hilfeschrei ist: wie bei einem Ertrinkenden, dem nicht zu helfen ist, weil er einen umschlingt und sich anklammert. Vielleicht macht uns das eigene unablässige Geschrei taub für die Stimme, die wir zu hören hofften...«

Zwei Monate nach Joys Tod schrieb er seiner Brieffreundin in Amerika auf die Frage, wie er mit seinem Leid zurechtkomme: »...die Antwort lautet ›Auf fast jede mögliche Art‹. Weil es, wie Sie sicher wissen, nicht ein Zustand, sondern ein Prozeß ist. Es ist immer wieder anders – wie bei einer kurvenreichen Straße, wo nach jeder Wegbiegung eine neue Aussicht kommt.«

Immerhin hatte er beim Wandern auf dieser Straße zwei wesentliche Entdeckungen gemacht: Zum ersten hatte er erfahren, daß die Hilfe gerade dann, wenn er am lautesten nach ihr geschrien hatte, nicht gekommen war; und zum zweiten hatte er gemerkt, daß »ich mich Joy ausgerechnet dann am nächsten fühle, wenn ich *am wenigsten* Kummer empfinde... Offenbar verbaut man sich selbst den Zugang zum Notwendigen, wenn man die Not zur Forderung macht. Beinahe als hieße es: ›Klopfet *nicht* an, so wird euch aufgetan‹...«

Nun schrieb er in das vierte und letzte Heft: »Diese Aufzeichnungen handeln von mir, von Joy und von Gott. In dieser Rangordnung. Genau in der verkehrten Reihenfolge und Rangordnung.«

Einmal zu diesem Schluß gekommen, merkte er plötzlich, daß die Tür nicht mehr verschlossen war. Wenn Gott ihm auch keine Antwort auf seine unbeantwortbaren Menschenfragen über Leiden und Trauer gegeben hatte, so war es doch »eine recht besondere Art von ›Keine-Antwort‹... eher etwas wie ein stummer Blick, und jedenfalls nicht ohne Mitgefühl. Als schüttle Er das Haupt, nicht um die Antwort zu verweigern, sondern um sie aufzuschieben. Wie um zu sagen: ›Sei ruhig, mein Kind, du verstehst es nur nicht.‹«

Wie Orual am Schluß von *Du selbst bist die Antwort* erkennt: »Ich weiß jetzt, Herr, warum du keine Antwort gibst. Du selbst bist die Antwort. Vor deinem Angesicht verstummt jede Frage. Welche andere Antwort könnte uns genügen? Worte, Worte, nichts als Worte, die gegen andere Worte ins Feld geführt werden...«

Jacks wilde Gefühlsausbrüche machten nun einer logisch durchgeführten und dichterisch formulierten Untersuchung über das Wesen des Verlustes Platz. Wenn ein geliebter Mensch stirbt, schrieb er, »empfinden wir das als ein jähes Abreißen der Beziehung – wie einen Tanz, der mitten im schönsten Wirbel abreißt, oder eine Blume, die versehentlich geknickt wird – wie etwas Verstümmeltes, dem daher die richtige Form fehlt...« In Wirklichkeit aber ist es »ein allgemeingültiger und unerläßlicher Teil unserer Liebeserfahrung. Er folgt der Ehe so natürlich wie die Heirat der Werbung oder der Herbst dem Sommer. Er ist keine Verstümmelung des Vorgangs, sondern eine seiner Phasen; nicht der Abbruch des Tanzes, sondern die nächste Figur.«

Die Trauer, so entdeckte Jack, ist ein gefährlicher Zustand, in dem der Betroffene so leicht »darauf verfällt, seine eigene Vergangenheit zu lieben oder seine Erinnerungen, seinen Kummer oder die Linderung des Kummers oder seine eigene Liebe.«

Doch nun, da sein Glaube wiederhergestellt war, suchte er nach einer neuen Art, Joy zu beschreiben. Dabei kam er auf sein altes Lieblingsgleichnis zurück. Er schrieb, Joy sei »wie ein Garten. Wie eine ganze Menge von Gärten, immer einer im anderen, Mauer hinter Mauer, Hecke hinter Hecke, immer geheimnisvoller, immer reicher an duftendem, fruchtbarem Leben, je weiter man eindringt... In gewisser Weise, in einzigartiger Weise ähnlich dem Schöpfer.« Nun endlich konnte er den Blick »vom Garten weg auf den Gärtner wenden... Auf das lebenspendende Leben, auf die Schönheit, von der alle Schönheit kommt«.

Und damit begann für ihn die Wiederentdeckung einer noch umfassenderen Wahrheit; einer Wahrheit, von der er – zwanzig Jahre früher – im mystischen Ausklang von *Perelandra* geschrieben hatte: »Alles Erschaffene scheint dem verdunkelten Geist planlos, weil es mehr Pläne enthält, als er suchte... So auch der Große Tanz... Da sind unzählbare Pläne ineinander verschlungen und in jedem Motiv erblüht, wenn es an der Reihe ist, das ganze Muster... Fasse *eine* Bewegung, und sie wird dich durch alle Muster führen und dir als die Hauptbewegung erscheinen. Und das ist auch richtig. Es scheint keinen Plan zu geben, weil alles Plan ist; es scheint keinen Mittelpunkt zu geben, weil alles Mittelpunkt ist...«

Langsam wurde es wieder heller um Jack. Es fiel ihm nicht mehr ganz so schwer, sich mitzuteilen, besonders Douglas, den er nun als »meinen größten Trost« bezeichnete. Langsam überwanden der alte Mann und der Junge ihre besonderen Hemmungen; sie begannen, miteinander von Joy zu sprechen und »liebevoll auf die glücklichen Zeiten zurückzublicken«.

Es gab so viele Freuden, an die man sich erinnern konnte, viele davon so unscheinbar, daß sie unter der Lawine von Trauer verschüttet worden waren: das Scrabblespielen auf Englisch, Französisch, Lateinisch und Griechisch gleichzeitig; das lebhafte Diskutieren; die langen Fußmärsche und danach die Einkehr in einem gemütlichen Pub; das Gespräch über Bücher und ihre Verfasser – George MacDonald, Jane Austen, Dr. Johnson, H.G. Wells und Samuel Pepys; die Musik – Mozart und Chopin – die Joy auf dem in »The Kilns« eigens für sie gemieteten Klavier gespielt hatte; das Vorlesen von Gedichten: die *Ilias* zur geistigen Anregung oder die sehnsüchtigen Verse von A.E. Housman, über denen sie oft miteinander geweint hatten, oder jenes so besonders zutreffende Shakespeare-Sonett:

»Musik du selbst, was hörst Musik du trauernd?
Süß kämpft nicht gegen Süß, Lust schwelgt in Lust.
Warum liebst du, was du empfängst bedauernd,
Empfängst du gerne, was du hassen mußt?

Wenn der vermählte Klang gestimmter Töne
Mit mildem Vorwurf dir verletzt das Ohr,
So nur, weil deine Stimme, deine schöne,
Allein erklingt und nicht im großen Chor.

Sieh, wie die Saiten holde Gatten sind,
Wenn im Gesetz sie ineinander schwingen.

Sie gleichen Vater, Mutter und dem Kind,
Die froh geeint die eine Weise singen.
Die Chöre Aller klingen wie nur einer,
Der wortlos singt: ›Du Einzelner bist keiner.‹«

Im September fühlte Jack sich stark genug, um mit seinem Freund Roger Lancelyn Green über einige seiner jüngsten Erfahrungen zu sprechen. Er erzählte Roger sogar, daß er die Gefühle seiner Trauer niedergeschrieben hatte, und fügte – unter dem Siegel der Verschwiegenheit – hinzu, er werde das Geschriebene möglicherweise veröffentlichen, weil er hoffe, es könne anderen helfen, mit ihrem Verlust fertigzuwerden.

Dies tat er dann 1961 unter dem Titel *A Grief Observed* (dt. *Über die Trauer*); zur Wahrung der Anonymität setzte er für Joy die Initiale »H« (Joys erster Name war Helen). Heute gehört *Über die Trauer* zu Lewis' meistgekauften Büchern; doch bis zu seinem Tode erschien das Bändchen nicht unter seinem Namen, · sondern unter dem Pseudonym N.W.Clerk. Schon oft hatte Jack unter den Initialen »N.W.« oder dem Namen »Nat Whilk« Beiträge in *The Oxford Magazine* und später in *Punch* publiziert. Den Namen hatte er dem Angelsächsischen entnommen, wo »nat whilc« heißt: »Ich weiß nicht, wer«. »Clerk«, ebenfalls aus dem Angelsächsischen, bedeutet: Der Gelehrte, einer, der sich aufs Lesen und Schreiben versteht.

Der Rezensent von *The Times Literary Supplement* urteilte: »Dieses Tagebuch, nach dem Tod seiner Frau begonnen, die an einer langen, qualvollen Krankheit starb, mag für ihn selbst ein Fluchtweg gewesen sein. Doch seine ehrliche Auseinandersetzung ist eine Absage an alles Selbstmitleid. Ehrlich ist es in der Tat; aber zu komplex, wohldurchdacht und wirklich gut geschrieben, um einfach, im Sinne von naiv, zu sein. Mr.Clerk versagt sich selbst die konventionelle Rolle des Leidtragenden aufs Strengste, er ruft nicht zu Mitleid auf, sondern zur Mit-Arbeit bei seinem Versuch, Trauer denkend zu verarbeiten.«

Lewis ging noch einen Schritt weiter: »Es wurde ihm bewußt«, erklärt Douglas Gresham, »daß Trauer eine selbstsüchtige Sache ist: Er weinte nicht, weil Joy jetzt woanders war, er weinte, weil er sie nicht mehr hatte. Es braucht schon allerhand

Selbstkritik und Mut, um sich der Tatsache zu stellen, daß man im Grunde nur trauert, weil man einen Menschen verloren hat, und nicht, weil diesem Menschen etwas zugestoßen ist.«

Was Joy zugestoßen war, war ja eine Befreiung: Befreiung vom zermürbenden Kampf gegen eine heimtückische Krankheit; Befreiung von Schmerzen und Todesangst; und Befreiung von dem qualvollen Warten auf den Tod. Nur für Jack gingen die Schmerzen weiter.

»Er kam soweit über seinen Kummer hinweg«, sagt Douglas, »daß er als Mensch und Schriftsteller wieder funktionsfähig war – aber es gab nie, nie mehr auch nur einen Augenblick, da er sich seines Verlustes nicht bewußt war.« Jack hatte mit Joy eine tiefe Übereinstimmung erlebt: »Das Kostbarste, was mir die Ehe geschenkt hat, war dieses ständige Anstoßen an etwas sehr Nahes, Vertrautes und doch jederzeit unverkennbar Anderes, Widerstand Leistendes – mit einem Wort, Wirkliches … An Leib und Seele ist nichts unbefriedigt geblieben.« Sie waren, wie die Bibel es nennt, ein Fleisch gewesen – oder, wie Jack es beschrieben hat, *ein* Schiff.

Das Schiff ihrer Liebe hatte auf grausamen Meeren eine stürmische Überfahrt erlebt. Die Stürme hatten sich gelegt, aber sie hatten ihren Tribut gefordert: »Die Steuerbord-Maschine ist ausgefallen. Ich, die Backbord-Maschine, muß irgendwie weitertuckern, bis wir im Hafen einlaufen…«

Weiter hinein und weiter hinauf

»Es war das Einhorn, das zuerst aussprach, was sie alle spürten. Es stampfte mit dem rechten Vorderhuf den Boden, wieherte und schrie:

›Jetzt bin ich endlich heimgekommen! Das ist meine wahre Heimat! Hier gehöre ich hin. Nach diesem Land habe ich mich mein Leben lang gesehnt, wenn ich es auch bis jetzt nicht wußte... Kommt weiter, weiter hinein und weiter hinauf!‹«

Fünf Jahre waren vergangen, seit Jack den »Kampf um Narnia« geschrieben und die Narnia-Gestalten über die Grenze in Aslans Land geschickt hatte. In diesen fünf Jahren hatte er eine Frau liebgewonnen, sie geheiratet und wieder verloren – eine Frau, die ihm alles gewesen war – »Tochter und Mutter, Schülerin und Lehrerin, Untergebene und Herrin... vertraute Kameradin, Freundin, Weggefährtin und Mitkämpferin...«

Nun hatte Joy wie Kleinod, das Einhorn, den Weg in das Land gefunden, in das sie gehörte. Und Jack war allein im Schattenreich zurückgeblieben.

Er war dreiundsechzig Jahre alt, und neun Zehntel seines Lebens hatte er diese Frau, die seine Welt so auf den Kopf stellte, nicht einmal gekannt. Dennoch spürte er, daß er nie mehr ganz so würde leben können wie früher. Er schreibt: »Wußtest du denn, Geliebte, wieviel du mitnahmst, als du mich verließest? Sogar meine Vergangenheit hast du mir genommen, sogar die Dinge, die wir nie gemeinsam hatten...«

In Jacks Korrespondenz ist jetzt oft vom Tod die Rede, und wenn er Anordnungen traf oder über Zukunftspläne schrieb, setzte er stets ein »So Gott will« dahinter. In einem Brief an seinen ältesten Freund, Arthur Greeves, mit dem er 1961 ein überaus glückliches Wiedersehen feierte, bemerkt er: »Die Reihen lichten sich, und Du und ich werden wohl auch bald abtreten.«

Und seiner alten Brieffreundin gegenüber vergleicht er seinen Körper mit einem alten Auto, »wo alles mögliche scheinbar unabhängig voneinander nicht mehr richtig funktioniert. Alles zusammengenommen, läuft es auf die einfache Tatsache hinaus, daß die Maschine ausgeleiert ist. Nun, sie war nicht für ewige Dauer bestimmt. Dennoch«, setzt er nostalgisch hinzu, »habe ich den alten Klapperkasten liebgewonnen...«

Die »Maschine« war wirklich ausgeleiert. Im Sommer 1961 stellte der Arzt ein Prostataleiden fest, aber Probleme mit Herz und Nieren machten eine Operation unmöglich. Jack mußte einen Katheter tragen, sich an proteinarme Kost gewöhnen und auf dem Sofa im Erdgeschoß schlafen.

Ein paar Monate später, im Oktober, war er mehrmals im Krankenhaus und erhielt Bluttransfusionen, eine Erfahrung, zu der er bemerkte: »Dracula muß ein entsetzliches Leben geführt haben.« Für kurze Zeit ging es ihm besser, aber dann erlitt er einen Rückfall, von dem er sich lange nicht erholte. »Ich werde wohl kränklich bleiben«, schrieb er im folgenden Frühling an T.S. Eliot, »aber ich habe keine Schmerzen und fühle mich leidlich.«

Für eine Operation ging es ihm jedoch nach wie vor zu schlecht, und Herzbeschwerden und Schwierigkeiten mit seiner »Wasserleitung« schränkten ihn in seinen Aktivitäten stark ein: »kein Schwimmen, keine ordentlichen Spaziergänge mehr und möglichst wenig Treppen. Ein sehr mildes Los; vor allem, weil die Natur offenbar den Wunsch nach körperlicher Betätigung zurückgehen läßt, wenn die Kraft dazu abnimmt.«

Nach dem Schreiben über seine Trauer kam für Jack eine Phase, in der er eine Art Doppelleben führte. Nach außen hin war er wieder ziemlich der Alte, geistreich und mit der gewohnten intellektuellen Brillanz, die nun durch einen neuen Frieden und eine tiefere Menschlichkeit gemildert wurde; innerlich war er rastlos und voller Ungeduld, seine eigene Reise anzutreten.

Jahre zuvor hatte er in *Überrascht von Freude* geschrieben: »Alle *Freude* weist auf etwas hin. Sie ist nie Besitz, sondern allezeit Wunsch nach etwas, was früher war oder in weiter Ferne liegt oder erst werden soll.« Wieder und wieder hatte er versucht, diese flüchtige Regung zu definieren: »Dein Leben lang«, hatte er in *Über den Schmerz* geschrieben, »hat dir, dem Zugriff deines Bewußtseins immer wieder entgleitend, eine unerreichbare Seligkeit vorgeschwebt. Der Tag wird kommen, wo du erwachst und siehst, daß sie dir, alle Hoffnung übersteigend, wirklich zuteil geworden ist – oder du siehst, daß du sie hättest haben können und sie für immer verloren hast.

Diese Seligkeit, diese *Freude*, schien Jack immer mehr auf etwas hinzudeuten, das nicht von dieser Welt war, auf etwas, das man – weil es die Aufschrift »Tod« trug – durchweg mißverstanden und eher gefürchtet als ersehnt hatte.

In *Du selbst bist die Antwort* gesteht Psyche ihrer Schwester: »Ich habe immer – zumindest, soweit ich mich zurückerinnern kann – eine Art Sehnsucht nach dem Tod gehabt... Grad wenn ich am allerglücklichsten war, war die Sehnsucht am größten. Immer an jenen glücklichen Tagen, wenn wir auf den Hügeln droben waren, im Wind und in der Sonne... Weißt du noch? Die Farben und der Duft, und wie wir zum Grauen Berg in der Ferne hinüberschauten? Und weil es so schön war, bekam ich Sehnsucht, immer mehr Sehnsucht. Alles schien zu rufen: ›Psyche, komm!‹ Aber ich konnte nicht und wußte ja auch nicht, wohin ich kommen sollte. Es tat fast weh. Ich fühlte mich wie ein Vogel im Käfig, wenn seine Artgenossen nach Hause fliegen...«

Trotz seiner angeschlagenen Gesundheit konnte Jack aber noch immer einige Wochen in Cambridge verbringen und an den montaglichen Zusammenkünften der noch lebenden »Inklings« teilnehmen, die jetzt im *Lamb and Flag* (Lamm und Fahne) stattfanden, denn *Bird and Baby* war zu jener Zeit »unerträglich kalt, dunkel, lärmig und voll Kindertrubel«.

Im Jahr 1962 arbeitete Jack an verschiedenen Projekten. Unter anderem stellte er unter dem Titel *The Discarded Image* (etwa: Das in Unehre gefallene Bild) eine im Jahre 1938 gehaltene Reihe von Vorlesungen über Literatur des Mittelalters und der Renaissance zusammen. (Das Buch erschien posthum im Jahre 1964; es war Roger Lancelyn Green gewidmet.) Er hatte seit etlichen Jahren hie und da an diesem Buch gearbeitet. Denn bereits 1957 berichtete Joy Bill, Jack schreibe »ein schrecklich gelehrtes Buch; er läuft umher und brabbelt lateinisches und angelsächsisches Zeug vor sich hin. Nur wenn ihm die Katze zwischen die

Füße gerät, dann spricht er ein unmißverständliches Englisch!« Daneben stellte er eine Sammlung seiner vielen Predigten, Essays und Ansprachen zusammen. Der erste Band davon, *They Asked for a Paper* (Sie baten mich um einen Artikel) erschien 1962; der zweite – den Jack *A Slip of the Tongue* (Ein Versprecher) genannt hatte – kam nach seinem Tode unter dem Titel *Screwtape Proposes a Toast* (dt. *Streng demokratisch zur Hölle*) heraus. Schließlich hatte er auch angefangen, ein Buch über das Gebet – *Letters to Malcolm* (dt. *Du fragt mich, wie ich bete*) – zu schreiben.

Dieser starke Drang zu sammeln und das Zurückgreifen auf Altes hatte zweifellos damit zu tun, daß er sein Ende kommen sah, aber auch damit, daß er fürchtete, der Verkauf seiner Bücher würde nach seinem Tode zurückgehen. Er wollte noch so viel als irgend möglich veröffentlichen, um seinem Bruder und den Stiefsöhnen ein ausreichendes Einkommen zu hinterlassen.

Jacks Gesundheitszustand blieb unverändert, aber das Leben in »The Kilns« war für ihn gerade in dieser Zeit dennoch recht erfreulich. Douglas, der unterdessen die Magdalen School in Oxford besuchte, konnte zu Hause wohnen; Warnie kämpfte mannhaft gegen seinen Alkoholismus (in seinem Tagebuch hält er stolz fest, daß er 1961 an 355 Tagen abstinent war); und Jack selbst empfing noch immer Besucher und Gäste, mit denen er oft bis Mitternacht im Gespräch zusammensaß.

Und dann waren da noch die Katzen: »Wir sind von Katzen beherrscht«, schrieb er, »Joys Siamese – meine ›Stiefkatze‹, wie ich sie nenne – ist das gesprächigste Tier, das mir je begegnet ist. Sie redet ununterbrochen, und tausendmal in der Stunde verlangt sie, daß man ihr Türen und Fenster öffnet... Sie liebt mich heiß und innig, weil ich sie am Schwanz hochhebe – eine Behandlung, von der ich mir nicht vorstellen kann, daß ich sie mögen würde, wenn ich Katze wäre. Aber sie kommt immer wieder und will es noch einmal und schnurrt und schnurrt... Wie seltsam, daß Gott uns in solch enge Beziehung zu Geschöpfen stellt, deren wahrer Sinn und Daseinszweck uns für immer verborgen sein wird...«

Im September 1962 erhielt Jack eine Nachricht, die ihm wohl sehr zu denken gab. Bill Gresham war in New York City gestorben – an Krebs.

Zwei Monate darauf erfuhr Jack mit Sorge, daß Arthur Greeves an Herzbeschwerden litt. Seine Antwort war vielsagend: »Ich weiß, wie das ist«, schrieb er, »wenn man nach Luft schnappt wie ein frischgefangener Fisch und niemand die Freundlichkeit hat, einem den erlösenden Schlag auf den Kopf zu geben.«

Arthurs Krankheit traf Jack um so härter, als er, seinem eigenen Gesundheitszustand zum Trotz (»noch immer katheterisiert und auf eiweißarme Diät gesetzt«), im Sinn gehabt hatte, im Sommer mit Douglas eine Reise nach Irland zu unternehmen und dabei auch einige Zeit bei seinem alten Freund zu verbringen.

Doch Arthurs Zustand besserte sich, und sie konnten ernsthaft an die Verwirklichung ihrer Pläne denken. Jack teilte Arthur die Namen und Adressen von Hotels mit, die er ausgewählt hatte; und am Schluß seines Briefes schrieb er: »Hoffen wir das Beste und sagen ›So Gott will‹!«

Anfang 1963 erhielt Jack Besuch von einem jungen Amerikaner, Walter Hooper von der University of Kentucky. Hooper hatte die Absicht, eine kritische Studie über Lewis zu schreiben, und war zum Recherchieren nach England gekommen. Ihm war recht bange vor der Begegnung mit dem Mann, dessen Werk er sehr bewunderte. Doch Jack empfing ihn »so strahlend, so laut und herzlich, daß ich meine Angst schnell vergaß. Wir gingen ins Wohnzimmer und unterhielten uns bald über – nun, so ziemlich alles unter der Sonne.« Die Begegnung verlief zu ihrer beider Freude, weitere folgten, und bald verband die beiden Männer eine herzliche Freundschaft. Jack nahm Walter mit zu den Montagszusammenkünften im »Lamb and Flag« und half ihm bei seinen Recherchen, wo er konnte, obschon er nicht ganz damit einverstanden war, daß man Bücher über noch lebende Autoren schrieb – schon gar nicht über ihn.

Jack war ein bescheidener Mensch und vor langem schon zu dem Schluß gekommen, »der Hochmut, der Stolz« sei »die schlimmste aller Sünden, das Böse an sich«. In *Pardon, ich bin Christ* hatte er geschrieben:

»Er ist *das* Laster, von dem kein Mensch ganz frei ist, das jeder verabscheut, wenn er es am anderen entdeckt; und das kaum einer außer dem Christen zugeben mag...«

Im Laufe seines Lebens hatte Jack einen beachtlichen Ruf und etliche akademische Ehrungen erlangt: Er war Honorary Fellow der Universität und des Magdalen College in Oxford und des Magdalene College in Cambridge; Ehrendoktor für Theologie der St. Andrews University; Ehrendoktor für Literatur der Manchester University; Inhaber des Ehrendoktors für Literatur der Laval University, Quebec; Fellow der British Academy und der Royal Society of Literature; Gewinner des Gollancz-Gedächtnis-Preises für Literatur und der Carnegie-Medaille für das beste Kinderbuch des Jahres 1956 (*Der Kampf um Narnia*).

Den eher formellen Ehrentitel eines Commander of the British Empire, der ihm 1951 angetragen worden war, hatte er jedoch dankend abgelehnt. Sein weltweiter Ruf bedeutete anderen weit mehr als ihm selbst, und auch von seinen Büchern redete er nur selten und las kaum eines von ihnen noch einmal. Über jedes andere Thema aber unterhielt er sich gern mit jedermann, und er hatte nicht nur eine einmalige Gabe, anderen zuzuhören, sondern auch, ihnen das Gefühl zu vermitteln, daß sie etwas zu sagen hätten.

Jacks langjähriger Freund, Owen Barfield, schreibt darüber: »Sein ganzes Leben lang entdeckte ich nicht eine Bemerkung, nicht ein Wort, nicht ein Schweigen, keinen einzigen Blick, nicht das leiseste Zucken eines Augenlids oder den unmerklichsten Unterton in seiner Stimme, die hätten andeuten können, daß er im Gespräch mit alten Freunden seine Auffassung für größerer Beachtung wert hielt als die ihre, bloß weil seine (im Gegensatz zu der ihren) das Ohr von Hunderttausenden gewonnen hatte, wo immer auf der Welt englisch gesprochen wird und noch weit darüber hinaus. Ich möchte wissen, wie viele berühmte Menschen es gibt, von denen man das wirklich sagen kann.«

Es war für Jack ein schlichtes Gebot des Glaubens, gegen das »geistliche Krebsübel« Hochmut bei sich selbst anzukämpfen. »Ein hochmütiger Mensch«, hat er einmal gesagt, »schaut immer auf Menschen und Dinge herab; und solange man herabschaut, kann man natürlich nicht sehen, was über einem ist...«

Er wußte nur allzu gut, daß »ein Mensch nie hochmütiger

ist, als wenn er den Demütigen spielt«; das kommt auch in seinem Gedicht »The Apologist's Evening Prayer« (Abendgebet eines Apologeten) zum Ausdruck:

> »Von Lauheit und Versagen, oh, und mehr
> Von Siegen und Erfolg zur eignen Ehr –
> Vom geistreich Reden über dich und Witzemachen,
> Das Engel weinen läßt, wo Menschen lachen;
> Von Argumenten zum Beweis für dich,
> Der du kein Zeichen gabst – erlöse mich.
> Gedanken sind nur Münzen; abgegriffen ist
> Das Kopfbild, dem ich trau – das du nicht bist.
> Vom klugen Denken drum – auch über dich –
> Komm, reine Stille du, befreie mich.
> Du Herr des Nadelöhrs, der engen Tür,
> Nimm doch – ich sterbe sonst – den Tand von mir.«

Im März 1963 wurden die letzten Vorbereitungen für Jacks und Douglas' Reise nach Irland getroffen. »Bravo!« schrieb Jack an Arthur, »wir sind zu alt, um uns die noch bleibenden Möglichkeiten entgehen zu lassen!« Drei Monate später schrieb er an seine Bekannte in Amerika, die vor einer schweren Operation stand und große Angst hatte: »Man wehrt sich oft gegen etwas, weil man Angst davor hat; aber bedenken Sie doch, daß es oft genau umgekehrt ist – daß man Angst bekommt, *weil* man sich wehrt. Wehren und sperren Sie sich? Meinen Sie nicht, unser Herr sage zu Ihnen: ›Ruhig, mein Kind, ruhig. Entspann dich. Laß los. Unter dir sind die ewigen Arme. Laß dich los, ich fange dich auf. Vertraust du mir so wenig?‹... Das muß ja durchaus nicht das Ende sein«, schloß er. »Machen Sie es dann zu einem guten Neuanfang.« Der Brief war mit den Worten unterschrieben: »Wie Sie ein müder Wanderer, dessen Reise bald zu Ende ist, Ihr Jack.«

Und Anfang Juli teilte er ihr mit, daß sich sein Gesundheitszustand wieder verschlechtert habe und er vor der Reise nach Irland noch die Entscheidung des Arztes abwarten müsse. »Unsere Freunde«, fügte er trocken hinzu, »könnten tatsächlich eine Wette darüber abschließen, wessen Zug zuerst abfährt!«

Zwei Tage darauf, am 11. Juli, sandte er Arthur Greeves die kurze Nachricht: »Ach ja! Ich habe wieder einmal einen Herzkollaps gehabt, und wir müssen die Ferien streichen... Es macht mir nichts aus – oder nicht viel –, auf die Reise zu verzichten, aber *Dich* nicht zu sehen, ist ein harter Schlag.«

1954 hatte Jack in seiner Antrittsvorlesung in Cambridge den denkwürdigen Ausspruch getan: »...Wo ich als Kritiker nichts mehr tauge, könnte ich Ihnen doch als Vertreter einer aussterbenden Gattung noch nützlich sein. Ich wage es, sogar noch weiter zu gehen. Nicht nur in bezug auf mich selbst, sondern auch auf alle anderen Menschen des Alten Westens, denen Sie vielleicht noch begegnen werden, sage ich: Machen Sie sich diese paar Exemplare zunutze, solange Sie noch können. Es wird sicher nicht mehr lange lebende Dinosaurier geben.« – Nun schrieb er, während er darauf wartete, ins Acland Hospital aufgenommen zu werden, einem seiner Freunde: »Jetzt bin ich nur noch ein *fossiler* Dinosaurier.«

Als am Sonntag, dem 14. Juli, Walter Hooper nach »The Kilns« kam, um Jack zum Gottesdienst abzuholen, fand er ihn noch im Morgenrock. Er sah sehr schlecht aus und war nicht imstande, auch nur eine Tasse zu halten. Er schlug Walter vor, in England zu bleiben und sein Privatsekretär zu werden; das Gehalt sollte dem entsprechen, was er an seiner Universität in Amerika erhielt. Hooper nahm das Angebot an.

Am folgenden Morgen wurde Jack ins Krankenhaus eingeliefert. Noch am gleichen Tag, um fünf Uhr nachmittags, erlitt er einen neuen Herzanfall. Am Dienstag war er noch immer bewußtlos und dem Tode nah. Um zwei Uhr nachmittags schien es zu Ende zu gehen, und da er im Koma lag und das Sakrament des Abendmahls nicht empfangen konnte, erteilte ihm der Hilfsgeistliche der St. Mary Magdalen's Kirche die letzte Ölung. Doch plötzlich und völlig unerklärlich erwachte Jack und verlangte seinen Tee.

Als etwas später Walter Hooper und Austin Farrer ihn im Krankenhaus besuchten, kam er ihnen vor, »als wäre er eben aus einem zwanzigjährigen Schlaf erwacht«. Er fragte, warum alle so besorgte Gesichter machten, und als sie ihm sagten, daß er sehr lange geschlafen habe, meinte er: »Man kann ja auch nicht behaupten, daß es mir besonders *gut* geht!« Tagelang ging es ihm wirklich alles andere als gut. Eine Niereninfektion verursachte eine zunehmende Vergiftung des ganzen Körpers, und er war oft verwirrt und phantasierte zuweilen. Walter schrieb an die amerikanische Brieffreundin über Jacks Zustand: »Er merkt sehr genau, daß er in einer Welt der Halluzinationen lebt«; und Jack selbst erzählte später Arthur Greeves, er habe »alle Arten von Wahnideen gehabt. Manche davon waren sehr seltsam, aber quälend oder beängstigend war keine.«

Schließlich erholte sich Jack soweit, daß er nach Hause entlassen wurde. Sein Bett wurde im Erdgeschoß aufgestellt und ein Pfleger zu seiner Betreuung ins Haus genommen. Es war nun klar, daß er nicht mehr nach Cambridge zurückkehren konnte. In einem diktierten Brief (er konnte nur noch schlecht die Feder halten) erzählte er Roger Lancelyn Green: »Ich bin nun inoffiziell ein erloschener Vulkan, das heißt, ich habe Lehrstuhl und Mitgliedschaft aufgegeben.«

Die nächsten zwei Monate vergingen ruhig und friedlich. Die Probeabzüge von Jacks Buch *Du fragst mich, wie ich bete* kamen, wurden durchgesehen und in Druck gegeben. All denen, die nach der Lektüre von *Über die Trauer* meinen, Jack hätte seinen Glauben verloren, bezeugt dieses Buch eindrücklich das Gegenteil. Jack sagt darin über seinen Glauben an ein Leben nach dem Tod:

»...die Berge und Täler des Himmels werden sich zu denen, die wir jetzt erleben, nicht wie eine Kopie zum Original verhalten, noch wie ein Ersatz zum Echten, sondern wie die Blüte zur Wurzel oder der Diamant zur Kohle...«

»Dann wird die Neue Erde und der Neue Himmel, dieselben und doch nicht dieselben wie jetzt, in uns auferstehen, so wie wir in Christus auferstanden sind. Und nach wer weiß wie vielen Äonen des Schweigens und der Dunkelheit werden die Vögel wieder jubilieren und die Wasser strömen und Licht und Schatten über die Berge ziehen, und das Antlitz unserer Freunde wird uns in erstauntem Wiedererkennen entgegenlachen.

Vermutungen, natürlich, nichts als Vermutungen. Wenn sie nicht stimmen, wird die Wahrheit noch besser sein. Denn wir wissen, daß wir Ihm gleich sein werden, denn wir werden Ihn schauen, wie Er ist.«

Im September reiste Walter Hooper nach Amerika, um seine Angelegenheiten zu ordnen; dann wollte er zurückkommen und seine Aufgabe als Jacks Sekretär übernehmen. Er sollte ihn nicht mehr wiedersehen.

Während Hoopers Abwesenheit erledigte Jack seine persönliche Post wieder selbst, darunter die letzten Briefe an seine zwei besten Brieffreunde. Seinem ersten wahren Freund und Gefährten Arthur Greeves schrieb er: »Obwohl ich keinen Grund zum Klagen habe, finde ich es doch eher bedauerlich, daß ich im Juli wieder zum Leben erwacht bin. Ich meine, wenn man einmal so schmerzlos zur Himmelstüre entschweben konnte, ist es doch hart, sie vor der Nase zugeschlagen zu kriegen und zu wissen, daß man das Ganze noch einmal durchmachen muß, und dann vielleicht weniger angenehm! Armer Lazarus! Aber Gott weiß schon, was er tut. Ich bin froh, daß es Dir ordentlich geht… Aber, o Arthur, daß ich Dich nie mehr sehen soll!«

Der Amerikanerin, der er über 130 Briefe gesandt hatte, ohne sie je persönlich kennengelernt zu haben, schrieb er: »Ich fühle mich soweit wohl, bin aber sehr schnell müde… Wahrscheinlich werde ich nur noch ganz selten schreiben und sehr kurz; mehr ein Hinüberwinken als einen Brief…«

Das einzige, woran Jack zu dieser Zeit wirklich schwer trug, war die Abwesenheit seines Bruders. Warnie hatte, wie jedes Jahr, seine Sommerferien in Irland verbracht und, als er von Jacks Herzkrise erfuhr, wieder angefangen zu trinken. Er wollte sich der Tatsache nicht stellen, daß Jack todkrank war, und schlug die inständigen Bitten von Freunden, nach Hause zu kommen oder seinem Bruder wenigstens zu schreiben, in den Wind. Es war September, bis er sich endlich zur Heimkehr bewegen ließ. Sofort bereute er sein Verhalten aufs tiefste und tat von da an alles, was in seinen Kräften lag, um Jack zu erfreuen und zu umsorgen.

»Anfang Oktober«, vermerkt er, »wurde es uns beiden klar, daß er dem Tode nahe war. Auf ihre Art waren diese letzten Wochen nicht unglücklich. Joy hatte uns verlassen, und – wie in frühster Kindheit – konnten wir nur beieinander Trost suchen. Der Kreis hatte sich geschlossen.«

In *Überrascht von Freude* hatte Jack seinerzeit geschildert, wie er und Warnie die schlimmsten Auswüchse ihrer frühen Schulzeit überdauert hatten, indem sie sich auf die Ferien freuten; und wie umgekehrt über den Ferien das Schreckgespenst des immer näher kommenden nächsten Schulanfangs hing.

»Einmal mehr«, schreibt Warnie über diese letzten gemeinsamen Tage, »schlossen wir das allgegenwärtige Wissen, daß die Ferien dem Ende zugingen und ein neues Schuljahr voll unbekannter Möglichkeiten unser beider wartete, aus unseren Gesprächen aus.«

Im Lauf des Novembers wurde Jack von vielen seiner Freunde besucht; sie alle spürten beim Weggehen, daß dies der Abschied war. »Wie Lewis das Leben in vollen Zügen genossen hatte«, sagt Austin Farrer, »so gab er es nun gefaßt dahin. Der Tod seiner Frau hatte ihn schon beinahe seiner selbst enthoben. Er schien seinem eigenen leichten Herzens entgegenzusehen.«

Jacks letzter Gast in »The Kilns« war Roger Lancelyn Green. Beim Verabschieden wußte er, daß es »ein wirklicher Abschied« war.

Ein paar Tage darauf ging Jack ein letztes Mal ins »Lamb and Flag«. Es war nur einer seiner alten Freunde, Colin Hardie, dort – doch *ihm* sollte dieser Tag als »vielleicht der beste von all diesen Montagen« in Erinnerung bleiben.

Zu Warnie hatte Jack gesagt: »Ich habe alles getan, was ich tun wollte, und bin bereit zu gehen.« Aber eine kleinere Arbeit war doch noch unerledigt: Die Narnia-Geschichten waren seinerzeit unmittelbar beim Schreiben entstanden und hatten sich fast von selbst weiterentwickelt, und da Jack sie ohne klares Konzept begonnen hatte, enthielten sie verschiedene kleine Unstimmigkeiten im Zeitablauf, die er unbedingt noch bereinigen wollte. Darum hatte er Kaye Webb, die Herausgeberin der Puffin Books, eingeladen, um mit ihr eine Überarbeitung zu besprechen.

Als Kaye Webb am 21. November nach »The Kilns« kam, trug Jack einen Anzug über dem Schlafanzug. Sie besprachen die nötigen Änderungen und vereinbarten, daß Kaye wieder kommen würde, wenn er mit der Bearbeitung fertig wäre.

Jack erzählte ihr von der Griechenlandreise mit Joy und wie beglückend sie für sie beide gewesen war. »Wir unterhielten uns bis um sieben miteinander; dann sagte er, er sei müde. Er erzählte mir auch, er sei fast enttäuscht, daß er an seinem Herzanfall nicht gestorben sei. Dann, am Tag darauf, las ich, er hätte wieder einen gehabt...«

»Freitag, der 22. November«, schreibt Warnie, »fing nicht anders an als jeder andere Tag in den letzten paar Wochen. Ich schaute kurz nach sechs bei Jack herein, bekam ein fröhliches ›Alles in Ordnung‹ und ging dann meinen Hausarbeiten nach. Um acht stand er auf und frühstückte wie gewöhnlich im Morgenrock in der Küche, worauf er sich eine Weile seinem Kreuzworträtsel widmete. Bis er angezogen war, hatte ich ihm die Post bereitgelegt, und er setzte sich in sein Arbeitszimmer und beantwortete eigenhändig vier Briefe. Es hatte ihm schon seit einiger Zeit große Mühe bereitet, sich wach zu halten, und als ich ihn nach dem Mittagessen in seinem Lehnstuhl schlafend fand, meinte ich, ob er im Bett nicht besser aufgehoben wäre. Er stimmte zu und legte sich hin. Um vier Uhr brachte ich ihm seinen Tee und wir wechselten ein paar Worte. Ich merkte, daß er eine schwere Zunge hatte und sehr schläfrig, aber ruhig und zufrieden war. Es war das letztemal, daß wir miteinander redeten.«

Nur wenige Monate zuvor hatte Jack über das Alter geschrieben: »Stell dir einfach vor, du seist ein Samenkorn, das geduldig im Boden wartet; darauf wartet, zu des Gärtners guter Zeit als Blüte aufzugehen in der *wirklichen* Welt. Das wird ein richtiges Aufwachen sein. Ich glaube, unser ganzes jetziges Leben wird uns, wenn wir einmal von dort zurückschauen, nur wie ein halbwacher Dämmerzustand vorkommen. Hier leben wir im Land der Träume. Doch bald kräht der Hahn...«

Um halb sechs hörte Warnie aus Jacks Schlafzimmer ein Gepolter. Er eilte hin und »fand ihn neben dem Bett liegen. Etwa drei oder vier Minuten danach hörte er auf zu atmen. Der kommende Freitag wäre sein fünfundsechzigster Geburtstag gewesen...«

Austin Farrer hat über die einmaligen Fähigkeiten, die Lewis zu dem Menschen machten, der er war, geschrieben: »Er merkte mehr, er fühlte mehr, er erinnerte sich an mehr, er hatte mehr Einfälle... Seine Schriften zeugen von einer intensiven Bewußtheit, einem leidenschaftlichen Engagement, einem herznahen Umgang mit der Welt... Das Schwarz und Weiß von Gut und

Böse bei ihm, seine Begeisterung und seine Trauer bekundeten eine Erlebnisfähigkeit, welche die unsere weit übersteigt...«

Die Trauerfeier wurde am 26. November 1963, einem frostkalten, aber sonnigen Tag, in der Headington Quarry Parish Church gehalten. Warnie war in seinem Schmerz zu verstört, um daran teilzunehmen. Peter Bayley erinnert sich folgendermaßen: »Als der Sarg auf den Friedhof hinausgetragen wurde, stand darauf eine einzelne Kerze. Man empfand es nicht nur als passend, sondern auch als symbolisch für diesen Mann, für seine Integrität und seine Unbedingtheit und seinen Glauben, daß die Flamme selbst draußen so ruhig brannte und selbst bei strahlender Sonne so hell erschien.«

Später wurde ein schlichter Grabstein gesetzt; er trug ein Kreuz und eine von Warnie gewählte Inschrift:

IN LOVING MEMORY OF
MY BROTHER
CLIVE STAPLES LEWIS
BORN BELFAST 29TH NOVEMBER 1898
DIED IN THIS PARISH
22ND NOVEMBER 1963
MEN MUST ENDURE THEIR GOING HENCE

(Meinem Bruder Clive Staples Lewis, geboren am 29. November 1898 in Belfast, gestorben in dieser Gemeinde am 22. November 1963, in liebendem Gedenken. *DULDEN MUSS DER MENSCH SEIN SCHEIDEN AUS DER WELT.*)

Dieses Wort aus dem fünften Akt von *König Lear* hatte für Jack und Warnie eine besondere Bedeutung. Als am 23. August 1908 ihre Mutter starb, hing, wie Warnie sich erinnerte, »in ihrem Sterbezimmer ein Shakespeare-Kalender, und mein Vater bewahrte das Blatt dieses Tages für den Rest seines Lebens auf; es trug das Zitat: ›Men must endure their going hence.‹«

Während seiner letzten Krankheit hatte Jack noch eine Grabinschrift für Joy verfaßt und diktiert. Sie wurde auf einer kreuzförmigen Tafel im Krematorium aufgehängt:

Remember	Zum Gedanken an
HELEN JOY	meine geliebte Frau
DAVIDMAN	HELEN JOY DAVIDMAN
D. July 1960	Gest. Juli 1960
Loved wife of	
C S Lewis	C.S.Lewis

Hier liegt in Asche nun die ganze Welt
(all ihre Sterne, Wasser, Wald, Luft, Feld),
Wie sie im Spiegel *einer* Seele stand.
Sie warf es alles ab, ein alt Gewand,
Nur Hoffnung haltend, daß sie, nach der Nacht
Aus heilger Armut neugeborn erwacht,
Das Land des ewgen Morgens schauen mag
In Herrlichkeit an ihrem Ostertag.

Dann wandte sich Aslan den anderen zu und sprach:

»Ihr seht noch nicht so glücklich aus, wie ich euch haben möchte.«

Lucy erwiderte: »Wir haben solche Angst, daß wir wieder wegmüssen. Du hast uns doch schon so oft in unsere eigene Welt zurückgeschickt.«

»Keine Angst«, beruhigte sie Aslan. »Ahnt ihr denn nichts? ... ihr seid – wie ihr es in eurem Schattenreich gewöhnlich nennt – tot. Die Schule ist aus, die Ferien haben begonnen. Der Traum ist zu Ende, der Morgen ist da.«

Und während er noch sprach, sah er für sie nicht mehr wie ein Löwe aus. Aber was sich danach ereignete, war so groß und schön, daß man es nicht beschreiben kann. Hier endet für uns die Geschichte, und wir können nur noch sagen – daß sie seither alle glücklich und in Freuden lebten. Denn für sie war es der Anfang der wahren Geschichte. Ihr ganzes Leben in dieser irdischen Welt und alle ihre Abenteuer in Narnia waren nur der Einband und das Titelblatt gewesen. Nun erst begannen sie das erste Kapitel der großen Geschichte, die noch keiner auf Erden gelesen hat, die ewig weitergeht und in der jedes Kapitel besser ist als das vorangegangene.

C.S. Lewis
Der Kampf um Narnia

Bibliographie der Werke von C.S. Lewis, Joy Davidman, W.H. Lewis, W.L. Gresham und weitere Quellen

(Die Jahresangaben beziehen sich auf die englische
Erstveröffentlichung.)

C. S. Lewis

Spirits in Bondage: A Cycle of Lyrics, London 1919 (unter dem
Pseudonym »Clive Hamilton«)
Dymer, London 1926 (unter dem Pseudonym »Clive Hamilton«) und
ab 1950 unter seinem eigenen Namen
The Pilgrim's Regress: An Allegorical Apology for Christianity,
Reason and Romanticism (dt. Flucht aus Puritanien), London 1933, 2.
Auflage mit neuem Vorwort 1943
The Allegory of Love: A Study in Medieval Tradition, Oxford 1936
Out of the Silent Planet (dt. Jenseits des Schweigenden Sterns), London
1938
Rehabilitations and Other Essays, London 1939
The Personal Heresy: A Controversy, London 1939
The Problem of Pain (dt. Über den Schmerz), London 1940
The Screwtape Letters (dt. Dienstanweisung für einen Unterteufel),
London 1942
A Preface to »Paradise Lost«, London 1942
Broadcast Talks, London 1942
Christian Behaviour: A Further Series of Broadcast Talks, London 1943
Perelandra (dt. Perelandra), London 1943
The Abolition of Man, or Reflections on Education with Special
Reference to the Teaching of English in the Upper Forms of Schools
(dt. Die Abschaffung des Menschen), London 1943
Beyond Personality: The Christian Idea of God, London 1944
That Hideous Strength (dt. Die böse Macht), London 1945
The Great Divorce (dt. Die große Scheidung), London 1946
George MacDonald: An Anthology (dt. Die Weisheit meines Meisters),
London 1946
Essays Presented to Charles Williams (Hrsg.), London 1947

Miracles: A Preliminary Study (Dt. Wunder), London 1947
Arthurian Torso (mit Charles Williams), London 1948
Transposition and Other Essays, London 1949
The Lion, the Witch and the Wardrobe (dt. Der König von Narnia),
London 1950
Prince Caspian: The Return to Narnia (dt. Wiedersehen in Narnia),
London 1951
Mere Christianity (dt. Pardon, ich bin Christ), London 1952
The Voyage of the »Dawn Treader« (dt. Ein Schiff aus Narnia),
London 1952
The Silver Chair (dt. Die Tür nach Narnia), London 1953
The Horse and His Boy (dt. Der Ritt nach Narnia), London 1954
English Literature in the Sixteenth Century, excluding Drama,
Oxford 1954
The Magician's Nephew (dt. Das Wunder von Narnia), London 1955
Surprised by Joy: The Shape of My Early Life (dt. Überrascht von
Freude), London 1955
The Last Battle (dt. Der Kampf um Narnia), London 1956
Till We Have Faces: A Myth Retold (dt. Du selbst bist die Antwort),
London 1956
Reflections on the Psalms (dt. Das Gespräch mit Gott), London 1958
The Four Loves (dt. Was man Liebe nennt), London 1960
Studies in Words, Cambridge 1960
The World's Last Night and Other Essays (dt. Die letzte Nacht der
Welt), New York 1960
A Grief Observed (dt. Über die Trauer), London 1961 (unter dem
Pseudonym »N.W. Clerk«) und ab 1964 unter seinem eigenen Namen
An Experiment in Critisism (dt. Über das Lesen von Büchern),
Cambridge 1961
They Asked for a Paper: Papers and Addresses, London 1962

Folgende Titel wurden posthum veröffentlicht:

Letters to Malcolm: Chiefly on Prayer (dt. Du fragst mich, wie ich
bete), London 1964
The Discarded Image: An Introduction to Medieval and Renaissance
Literature, Cambridge 1964
Poems (Hrsg. Walter Hooper), London 1964
Screwtape Proposes a Toast and Other Pieces (dt. Streng
demokratisch zur Hölle), London 1965
Studies in Medieval and Renaissance Literature (Zusammengestellt
von Walter Hooper), Cambridge 1966
Letters of C S Lewis (Hrsg. W H Lewis), London 1966

Of Other Worlds: Essays and Stories (Hrsg. Walter Hooper), London 1966

Christian Reflections (Hrsg. Walter Hooper), (dt. Gedankengänge), London 1967

Spenser's Images of Life (Hrsg. Alastair Fowler), Cambridge 1967

Letters to an American Lady (Hrsg. Clyde S Kilby), London 1969

Narrative Poems (Hrsg. Walter Hooper), London 1969

Selected Literary Essays (Hrsg. Walter Hooper), Cambridge 1969

Undeceptions: Essays on Theology and Ethics (Hrsg. Walter Hooper), London 1971

Fern-seed and Elephants, and Other Essays on Christianity (Hrsg. Walter Hooper), London 1976

The Dark Tower and Other Stories (Hrsg. Walter Hooper), (dt. Der dunkle Turm), London 1977

God in the Dock: Essays on Theology (Hrsg. Walter Hooper), (dt. Gott auf der Anklagebank), London 1979

They Stand Together: The Letters of C S Lewis to Arthur Greeves (Hrsg. Walter Hooper), London 1979

Of This and Other Worlds (Hrsg. Walter Hooper), London 1982

Boxen: The Imaginary World of The Young C S Lewis (Hrsg. Walter Hooper), London 1985

Eine vollständige Liste aller Kurzgeschichten, Gedichte, Essays, Traktate, Vorworte und Besprechungen von C.S. Lewis findet sich unter »A Bibliography of the Writings of C S Lewis« von Walter Hooper in: C S Lewis at the Breaktfast Table and Other Reminiscences (Hrsg. James T. Como), London 1980

Joy Davidman

Letter to a Comrade, New Haven 1938

Anya, New York 1940

War Poems of the United Nations (Hrsg.), New York 1943

They Looked Like Men: Poems of Alexander Bergman (Hrsg.), New York 1943

Beitrag zu: Seven Poets in Search of an Answer (Hrsg. Thomas Yoseloff), New York 1944

Weeping Bay, New York 1950

»The Longest Way Round« in: These Found the Way: Thirteen Converts to Protestant Christianity (Hrsg. David Wesley Soper), Philadelphia 1951

Smoke on the Mountain: An Interpretation ot the Ten Commandments
(dt. Rauch über dem Berg), Philadelphia 1953

W. H. Lewis

»The Galleys of France« in: Essays Presented to Charles Williams
(Hrsg. C. S. Lewis), London 1947
The Splendid Century: Some Aspects of French Life in the Reign of
Louis XIV, London 1953
The Sunset of the Splendid Century: The Life and Times of Louis
Auguste de Bourbon, Duc de Maine, 1670–1736, London 1955
Assault on Olympus: The Rise of the House of Gramont between 1604
and 1678, London 1958
Louis XIV: An Informal Portrait, London 1959
The Scandalous Regent: A Life of Philippe, Duc d'Orleans, 1674–1723,
and of his family, London 1961
Levantine Adventurer: The Travels and Missions of the Chevalier
d'Arvieux, 1653–1697, London 1962
Memoirs of the Duc de Saint-Simon (Hrsg.), London 1964
Letters of C. S. Lewis (Hrsg.), London 1966
Brothers and Friends: The Diaries of Major Warren Hamilton Lewis
(Hrsg. Clyde S. Kilby and Marjorie Lamp Mead), San Fancisco 1982

William Lindsay Gresham

Beitrag zu: War Poems of the United Nations (Hrsg. Joy Davidman),
New York 1943
Nightmare Alley, New York 1946
Limbo Tower, New York 1949
»From Communist to Christian« in: These Found the Way: Thirteen
Converts to Protestant Christianity (Hrsg. David Wesley Soper),
Philadelphia 1951
Monster Midway: An Uninhibited Look at the Glittering World of the
Carny, New York 1953
Houdini: The Man Who Walked Through Walls, 1960
The Book of Strength, 1962

Weitere Quellen

Neben den bereits erwähnten Titeln wurden folgende Quellen zu Hilfe gezogen:

H. Carpenter, J. R. R. Tolkien: A Biography, Allen and Unwin
H. Carpenter, The Inklings, Allen and Unwin
J. T. Como, C. S. Lewis at the Breakfast Table, Collins
L. W. Dorsett, And God Came In, Macmillan
R. L. Green, »C. S. Lewis« in: Puffin Annual No. 1
R. L. Green und W. Hooper, C.S. Lewis: A Biography, Collins
J. Wain, »C. S. Lewis« in: Encounter

Bücher von C. S. Lewis

Die große Scheidung
100 Seiten. Fester Einband

Pardon – ich bin Christ
Meine Argumente für den Glauben
204 Seiten. Fester Einband
Auch als ABCteam-Taschenbuch

Über den Schmerz
»Vielleicht ist diese Welt nicht die denkbar beste,
aber es ist die einzig mögliche«
160 Seiten. ABCteam-Taschenbuch

Was man Liebe nennt
Zuneigung, Freundschaft, Eros, Agape
144 Seiten. Fester Einband
Auch als ABCteam-Taschenbuch

Wunder
möglich? – wahrscheinlich? – undenkbar?
212 Seiten. ABCteam-Taschenbuch

Flucht aus Puritanien
Eine phantastische Reise durch
alte und neuzeitliche Philosophien
276 Seiten. ABCteam-Paperback

BRUNNEN VERLAG GIESSEN/BASEL

Aufsatzsammlungen von C. S. Lewis

Gott auf der Anklagebank
128 Seiten. ABCteam-Taschenbuch

Der innere Ring
132 Seiten. ABCteam-Taschenbuch

Gedankengänge
Christentum, Kunst und Kultur
236 Seiten. ABCteam-Paperback

Die letzte Nacht der Welt
80 Seiten. ABCteam-Taschenbuch

Nach der Wahrheit fragen – Antworten von C. S. Lewis
Zitate aus dem Werk von C. S. Lewis
Zusammengestellt von Jürgen Spieß
96 Seiten. ABCteam-Taschenbuch

Biographisches über C. S. Lewis

C. S. Lewis
Überrascht von Freude
Die Autobiographie
288 Seiten. ABCteam-Taschenbuch

Brian Sibley
Späte Liebe
C. S. Lewis und Joy Davidman
176 Seiten. ABCteam-Taschenbuch

BRUNNEN VERLAG GIESSEN/BASEL

C. S. Lewis

Über den Schmerz

Vielleicht ist diese Welt nicht die denkbar beste,
aber es ist die einzig mögliche

160 Seiten. ABCteam-Taschenbuch.
Bestell-Nr. 3-7655-3355-6

Professor Josef Pieper:
*». . . Übrigens halte ich das Buch über den Schmerz nicht nur
für das bedeutendste Werk von C. S. Lewis; vielmehr glaube ich,
es dürfte schwer sein, in der gesamten philosophisch-theologischen
Literatur dieser unserer Zeit eine Schrift aufzutreiben, die so
umfassend, so klar, so anschaulich, so heiter und zugleich so ernst
von den für den Menschen wichtigsten Dingen spricht.«*

BRUNNEN VERLAG GIESSEN/BASEL

Unter dem guten Gott verstehen wir heutzutage fast ausschließlich den »lieben« Gott; und wir mögen damit auch recht haben. Aber mit Liebe meinen die meisten von uns in diesem Zusammenhang soviel wie Gutherzigkeit, d. h. den Wunsch, jemand anders glücklich zu sehen, nicht glücklich in diesem oder jenem Sinn, sondern einfachhin glücklich. Was uns wirklich passen könnte, das wäre ein Gott, der zu allem, was wir gerade gern täten, sagen würde: »Was macht es schon, solange sie nur zufrieden sind!«

In der Tat, wir möchten nicht so sehr einen Vater im Himmel als vielmehr einen Großvater im Himmel − einen greisen Wohlmeiner, der es, wie man sagt, »gerne sieht, wenn die jungen Leute sich amüsieren«, und dessen Plan für das Universum einfach darauf hinausläuft, daß am Abend eines jeden Tages gesagt werden kann: »Es war für alle wundervoll.«

Nicht viele Leute, das gebe ich zu, würden ihre Theologie mit genau diesen Worten formulieren; aber eine Vorstellung ungefähr dieser Art verbirgt sich im Hintergrund nicht weniger Köpfe. Und ich erhebe nicht den Anspruch, eine Ausnahme zu sein: Ich würde sehr gern in einer Welt leben, die nach solchen Grundsätzen regiert würde. Aber da dies ohne jeden Zweifel nicht der Fall ist und da ich Grund habe, nichtsdestoweniger zu glauben, daß Gott die Liebe ist, so komme ich zu dem Schluß, meine Vorstellung von Liebe ist vielleicht korrekturbedürftig.

Tatsächlich kann man schon von den Dichtern lernen, daß Liebe etwas Strengeres und Großartigeres ist als bloße Gutherzigkeit und Liebheit, daß selbst die Liebe zwischen den Geschlechtern »ein Herrscher schrecklichen Anblicks« ist, wie es bei Dante heißt. Es gibt Gutherzigkeit in der Liebe; aber Liebe und Gutherzigkeit sind nicht dasselbe, und wenn Gutherzigkeit (in dem oben angegebenen Sinn) von den anderen Elementen der Liebe getrennt wird, schließt sie eine gewisse grundsätzliche Indifferenz gegenüber ihrem Objekt ein und sogar etwas wie Verachtung. »Gutherzigkeit« kann sehr bereitwillig der Beseitigung ihres Objekts zustimmen – wir alle sind Leuten begegnet, deren »Güte« gegenüber Tieren sie fortgesetzt dazu führt, Tiere zu töten, damit diese nur ja nicht leiden. Gutherzigkeit, rein als solche, kümmert sich nicht darum, ob ihr Objekt gut oder schlecht wird, sofern es nur nicht leiden muß. Es sind aber, wie die Heilige Schrift zeigt, die Bastarde, die verwöhnt werden; die rechtmäßigen Söhne, welche die Tradition der Familie weitertragen sollen, werden gezüchtigt (Hebr. 12,8). Gerade für Leute, an denen uns nichts liegt, erbitten wir Glück um jeden Preis. An unsere Freunde, an unsere Geliebten, an unsere Kinder stellen wir höhere Ansprüche; wir sähen es lieber, daß sie sehr leiden, als daß sie glücklich wären auf eine Weise, die sie so uns verächtlich macht und entfremdet.

Wenn Gott die Liebe ist, ist Er also, laut Definition, etwas Größeres als bloße »Güte«. Und alle biblischen Berichte zeigen es deutlich: obwohl er uns oft getadelt und schuldig gesprochen hat, Er hat uns niemals mit Verachtung gestraft. Er hat uns die unerträgliche Ehre erwiesen, uns zu lieben – in dem tiefsten, tragischsten, unerbittlichsten Sinn, den dies Wort nur haben kann.

Natürlich ist die Beziehung zwischen Schöpfer und Geschöpf etwas Einzigartiges; es gibt keine Parallele dazu in irgendwelchen Beziehungen zwischen einem Geschöpf und einem anderen. Gott ist beides: uns ferner und uns näher als irgendein anderes Wesen. Er ist ferner von uns, weil der absolute Unterschied zwischen Dem, Der den Ursprung des Seins in sich selbst hat, und dem, der das Sein mitgeteilt bekommt, von solcher Art ist, daß dagegen der Unterschied zwischen einem Erzengel und einem Wurm ganz unbedeutend ist. Er erschafft, wir werden erschaffen; Er ist ein Ursprüngliches, wir sind etwas Abgeleitetes. Aber zugleich – und aus dem gleichen Grunde – ist die innige

Verbundenheit Gottes sogar mit der geringsten Kreatur enger als irgendeine, die je zwischen Geschöpfen erreicht werden kann.

Unser Leben wird in jedem Augenblick von Ihm getragen; und unsere winzigkleine wunderbare Kraft, frei zu wollen, bewährt sich einzig an Dingen, die Seine fortwirkende Kraft im Dasein erhält; ja, auch unsere Erkenntniskraft ist Seine Kraft, an der wir Anteil bekommen haben. Solch eine einzigartige Beziehung kann nur in Bildern erfaßt werden. So gelangen wir von den verschiedenen Arten der Liebe unter Geschöpfen zu einer zwar unzulänglichen, aber immerhin brauchbaren Vorstellung von der Liebe, mit der Gott den Menschen liebt.

Die niedrigste Art und dazu eine, die nur kraft einer Ausweitung des Wortsinnes »Liebe« heißt, ist jene, die ein Künstler für sein Werk empfindet. Gottes Beziehung zum Menschen ist in solcher Weise gesehen in der Vision des Jeremias von dem Töpfer und dem Ton (Jer. 18); oder wenn Petrus die gesamte Kirche einen Bau nennt, den Gott errichtet, und die einzelnen Glieder Steine (1 Petr. 2,5). Die Grenze eines solchen Bildes liegt natürlich darin, daß in ihm der passive Partner ohne Empfindung ist und daß also gewisse Fragen – die der Gerechtigkeit und Barmherzigkeit etwa –, die sich ergeben, wenn die »Steine« wirklich lebendig sind, nicht zur Darstellung kommen. Aber es ist, so weit sie reicht, eine wichtige Analogie. Wir sind ein Kunstwerk Gottes, nicht bloß bildlich gesprochen, sondern wirklich und wahrhaftig; wir sind etwas, das Gott macht, und also etwas, womit Er nicht zufrieden sein wird, bis es eine bestimmte Prägung besitzt . . .

Man könnte sich ein empfindendes Bild vorstellen, das, nachdem es radiert und gestichelt und zum zehntenmal neu angefangen worden ist, wünschte, eine bloße Skizze zu sein, die innerhalb einer Minute hingeworfen wäre. Auf die gleiche Weise könnten wir uns begreiflicherweise wünschen, Gott möchte uns ein weniger großartiges und weniger mühsames Schicksal bestimmt haben. Aber dann wünschen wir uns nicht *mehr* Liebe, sondern weniger Liebe.

Von anderer Art ist die Liebe des Menschen zu einem Tier – eine Beziehung, von der die Heilige Schrift beständig spricht als von einem Symbol der Beziehung zwischen Gott und Mensch: »Wir sind Sein Volk und die Schafe Seiner Weide.«

Dies ist einesteils eine bessere Analogie als die vorige, weil der geringere Partner ein empfindendes und doch zweifellos ein geringeres Wesen ist. Aber sie ist weniger gut insofern, als der Mensch das Tier nicht gemacht hat und es nicht völlig versteht.

Ihr großer Vorzug liegt darin, daß die Verbindung von, sagen wir, Mensch und Hund erstlich um des Menschen willen besteht. Er zähmt den Hund vor allem, um ihn gern haben zu können, nicht damit der Hund den Menschen lieben könne; und damit der Hund ihm, nicht damit er dem Hund diene. Dennoch werden zugleich die Interessen des Hundes nicht denen des Menschen geopfert. Das eine Ziel (daß er den Hund lieben könne) ist nicht völlig erreichbar, wenn nicht auch der Hund, auf seine Weise, den Menschen liebt, noch kann der Hund ihm dienen, wenn nicht auch er, in anderer Weise, dem Hund dient. Gerade weil nun der Hund nach menschlichen Maßstäben eine der »wertvollsten« unvernünftigen Kreaturen ist und für den Menschen ein geeignetes Objekt der Liebe – natürlich rede ich von einer Liebe jenen Grades und jener Art, die einem solchen Objekt zukommt, und nicht von albernen vermenschlichenden Übertreibungen –, gerade darum verändert der Mensch den Hund und macht ihn liebenswerter, als er im bloßen Naturzustand gewesen ist. In diesem Zustand hat er noch einen üblen Geruch an sich und Gewohnheiten, welche die Liebe des Menschen beeinträchtigen; so wäscht er ihn, gewöhnt ihn ans Haus, lehrt ihn, nicht zu räubern – und wird so in den Stand gesetzt, den Hund ohne Einschränkung zu lieben.

In dem jungen Hunde, wäre er ein Theologe, würde der ganze Vorgang ernste Zweifel an der »Gutheit« des Menschen erwecken; der ausgewachsene und wohlerzogene Hund jedoch, größer, gesunder und langlebiger als der wilde Hund und, wie durch eine Gnade, zugelassen zu einer ganzen Welt von Zuneigung und Treue, von Interessen und Tröstungen, die weit über seine tierische Bestimmung hinausgehen, würde keine solchen Zweifel haben . . .

Endlich ist noch von einer Analogie zu sprechen, die höchst gefährlich ist und von viel begrenzterer Anwendungsmöglichkeit; und doch ist gerade sie die im Augenblick für unser besonderes Anliegen geeignetste Analogie. Ich meine die zwischen Gottes Liebe zu den Menschen und eines Mannes Liebe zu einer Frau. Sie wird in der Schrift freimütig angewendet. Israel ist ein treuloses Eheweib, aber sein himmlischer Gemahl kann die glücklichen Tage nicht vergessen: »Ich denke an dich, an die Freundlichkeit deiner Jugend, an die Liebe deiner Hochzeit, als du mit nachfolgtest in die Wildnis« (Jer. 2,2). Israel ist die arme Braut, das heimatlose Kind, das der Liebende verlassen am Wegrand findet und das er kleidet und schmückt und zu einer Augenweide macht, und doch hat es ihn verraten (Ezech. 16,6–15). »Ehebrecherinnen« nennt uns der Apostel Jakobus, weil wir uns hinwegstehlen zu »Freundschaft mit der Welt«, während Gott »eifersüchtig sich nach dem Geiste sehnt, den Er uns eingepflanzt hat« (Jak. 4,5). Die Kirche ist die Braut des Herrn, die er so liebt, daß er keinen Flecken und keine Runzel an ihr erträgt (Eph. 5,27).

Die Wahrheit, zu deren Verdeutlichung diese Analogie dient, ist, daß die Liebe kraft ihres eigenen Wesens nach der Vervollkommnung des Geliebten verlangt; daß die bloße »Gutherzigkeit«, die alles duldet, nur nicht, daß der Geliebte leide, in diesem Betracht das Gegenteil von »Liebe« ist. Wenn wir eine Frau lieben – hören wir dann etwa auf, uns darum zu kümmern, ob sie sauber oder schmutzig, schön oder häßlich ist? Beginnen wir nicht gerade dann erst, uns darum zu kümmern? Betrachtet irgendeine Frau es als Zeichen der Liebe des Mannes, daß er weder weiß noch sich darum kümmert, wie sie aussieht? Liebe vermag sehr wohl die Geliebte zu lieben, wenngleich ihre Schönheit dahin ist; aber nicht, *weil* sie dahin ist. Liebe kann alle

Schwächen vergeben und ihnen zum Trotz lieben, aber Liebe kann nicht aufhören zu wünschen, daß diese Schwächen verschwinden. Liebe ist empfindlicher als selbst der Haß gegen jeden Makel an dem Geliebten; ihr »Gefühl ist feiner und empfindsamer als die zarten Fühler sich windender Schnecken«. Von allen Mächten verzeiht die Liebe am meisten, aber sie entschuldigt am wenigsten; sie erfreut sich an wenig, aber sie verlangt alles . . .